HELMUT SCHINAGL

Das Lama Balthasar

UND 14 WEITERE GANZ
UNGLAUBLICHE GESCHICHTEN

VERLAG FRIEDRICH OETINGER
HAMBURG

Illustrationen und Einband von Anne Bous

© 1974 by Verlag Friedrich Oetinger, Hamburg
Satz und Druck: F. L. Wagener, Lemgo
Bindearbeiten: Ladstetter GmbH, Hamburg
Printed in Germany 1974
ISBN 3 7891 20898

INHALT

BAMBUS DER BARTSCHÜTTLER

Großvater Bambus trug einen Vollbart. Viele Männer tragen Vollbärte: Studenten, Künstler und auch Großväter, die nicht Bambus heißen. Aber der Vollbart von Großvater Bambus war so mächtig, dicht und wohlgekraust wie kein anderer Bart irgendeines anderen Mannes. Darum war Großvater Bambus auf seinen Vollbart auch sehr stolz. Er wusch und kämmte ihn jeden Morgen, und wenn er damit fertig war, stellte er sich vor den Spiegel, strich mit der Hand darüber und sagte zu sich selbst: „Ei, ei, welch einen schönen Bart habe ich doch!"

Freilich geschah es mitunter, daß der Bart Großvater Bambus Unannehmlichkeiten bereitete. Einmal hatte der alte Herr auf dem Trabrennplatz mit einem Reiter geplaudert, als ein Pferd an dem Bart zu knabbern begann. Das Pferd, von Hunger geplagt, hatte das Barthaar für saftiges Heu gehalten. Mehr als einmal war es vorgekommen, daß sich der Bart in einer Schublade verklemmt hatte oder in einen Fensterspalt geraten war. Derlei fürchtete Großvater Bambus besonders, denn sein Kinn war sehr schmerzempfindlich. Einmal, als Großvater Bambus unachtsam aus der U-Bahn stieg, war ihm der Bart sogar zwischen die Flügel der Wagentür geraten. Großvater Bambus mußte neben dem anfahrenden Zug herlaufen, bis ein Schaffner, zum Glück noch rechtzeitig, den Vorfall bemerkte und die Notbremse zog.

Um derlei Verdrießlichkeiten vorzubeugen, steckte Großvater Bambus das Ende seines Bartes seit vielen Jahren sorgfältig in den Hosenbund. Ja, so lang war der schöne Bart, daß er solchermaßen festgehalten werden konnte. Dann sah es fast so aus, als trüge der alte Herr ein silbergraues Fell auf der Brust.

Der Bart war – ihr wißt es bereits – lang, mächtig, dicht und wohlgepflegt. Wer aber hätte gedacht, daß in ihm noch ganz andere Eigenschaften steckten? Großvater Bambus am allerwenigsten. Wie hätte er auch ahnen können, daß in dem dichten Haar ungeahnte Kräfte verborgen waren? Nur durch einen Zufall konnte er diesen Kräften auf die Spur kommen. Und eines Tages trat dieser Zufall tatsächlich ein.

An einem Morgen, nachdem Großvater Bambus den Bart gewaschen, getrocknet und gekämmt hatte, suchte er vergeblich nach seinem Hosenriemen. Der Hosenriemen war für Großvater Bambus sehr wichtig, denn ohne ihn konnte er den Bart nicht in den Hosenbund stecken und dort festmachen. Immer beunruhigter wurde der alte Herr, immer drohender dünkte ihn die Gefahr, daß der Bart sich wieder einmal in einer Lade verklemmen oder in einen Türspalt geraten könnte oder gar auf der elektrischen Kochplatte in der Küche zu schmoren begänne. So packte Großvater Bambus denn endlich die Spitze des Bartes, hob sie hoch und schrie ärgerlich: „Wo ist denn nur mein Hosenriemen?"

Im selben Augenblick verspürte er ein merkwürdiges Prikkeln unterm Kinn. Ihm war, als riefe und schlüge irgendwo im Zimmer eine Kuckucksuhr, und dann lag zu seinen Füßen ein neuer, schöner Hosenriemen.

„Nanu", sagte Großvater Bambus, „das ist aber höchst merkwürdig. Solch schönen Hosenriemen habe ich noch nie gesehen."

Er hatte das Wort „Hosenriemen" kaum ausgesprochen, als ein neuerliches Prickeln sein Kinn durchkribbelte, die Kukkucksuhr schlug und ein weiterer Hosenriemen zu seinen Füßen lag.

Großvater Bambus legte kopfschüttelnd einen der beiden Hosenriemen an, vergaß aber in der Aufregung, das Bartende in den Hosenbund zu stecken. Vielmehr faßte er, ohne Böses zu denken, wiederum das Ende des Bartes mit der Hand und sprach zu sich: „So, und jetzt noch meine Pantoffeln."

Es kribbelte in seinem Kinn, der Kuckuck rief, und ein buntbesticktes Pantoffelpaar lag zu seinen Füßen.

„Das geht nicht mit rechten Dingen zu", brummte Großvater Bambus und ließ den Bart los. Er trank, in Gedanken versunken, wie jeden Morgen seine Tasse Milch und verzehrte ein Butterbrot. Dann zog er sich in den stillsten Winkel seiner Wohnung zurück und begann, den Bart genau zu untersuchen.

Aber da fand er nichts Ungewöhnliches. Es war immer noch derselbe Bart, wie er ihn seit vielen Jahren trug. Doch Großvater Bambus war nicht umsonst in jungen Jahren ein vielseitiger Erfinder gewesen. Er hatte die singenden Mantelknöpfe erfunden, die ein Lied zum besten gaben, sobald man an ihnen drehte. Er war auch der Erfinder von Springschuhen, mit denen man meterhoch hüpfen konnte, von Fußbällen, die in der Luft die Farbe wechselten, und von Osterhasen, die die Schuhe putzten. Und so begann Großvater Bambus alsbald, mit seinem Bart Versuche anzustellen.

Er nahm das Ende des Bartes in die Hand, schüttelte es und sagte „Bleistift". Und schon fiel ein schöner Bleistift vor ihm auf die Erde nieder. Dann ließ er den Bart hängen, sagte „Zeitung", und es geschah nichts.

„Aha", sagte Großvater Bambus zu sich. „Ich muß das Ende des Bartes in die Hand nehmen, diesen ein wenig schüt-

9

teln und gleichzeitig einen Wunsch aussprechen, dann wird mir derselbe erfüllt." Und da er nach dieser Entdeckung plötzlich großen Hunger verspürte, schüttelte er den Bart, sagte „Kalbsbraten" und tat sich an dem leckeren Gericht gütlich.

„Das ist ja wie im Märchen", staunte Großvater Bambus.

Aber ganz so wie im Märchen war die Sache nicht. Die Dinge des Märchens kommen sozusagen aus dem Nichts. Die Hosenriemen, die Pantoffeln und auch der Kalbsbraten hatten frühere Besitzer. So war es geschehen, daß die Hosenriemen einem Verkäufer in einem nahen Geschäft aus den Händen flogen, gerade als er sie einem Kunden zeigen wollte. Nun, der Verkäufer glaubte, der Kunde hätte ihm die Riemen gestohlen, und so schlug er Krach und rief nach der Polizei. Die Pantoffeln wiederum schwebten aus dem Schaufenster eines Schuhgeschäfts, und eine Frau, die die Hausschuhe eben ihrem Mann zeigen wollte, fiel beinahe in Ohnmacht, als sie das Hinwegschweben mitansehen mußte.

Der Bleistift wiederum war den Fingern eines Lehrers entschlüpft, als dieser eben eine schlechte Note in sein Notizbuch eintragen wollte. Der Kalbsbraten hatte in einem nahen Gasthaus vor einem hungrigen Reisenden gestanden. Der sog schon voll Begierde den Duft des Bratens ein, schloß die Augen und stieß gleich darauf mit Messer und Gabel ins Tischtuch und riß ein großes Loch hinein.

Großvater Bambus dachte währenddessen bei einer Flasche erschüttelten Bieres nach, was er noch alles brauchen könnte. Er hatte keine Ahnung, woher die Dinge kamen, die bei ihm eintrafen. Und da er zudem ein sehr bescheidener Mann war, wünschte er sich zunächst einen „gebrauchten Anzug". Der Anzug lag auch gleich darauf vor ihm. Aber der Lehrer, dem eben zuvor der Bleistift auf so rätselhafte Weise abhanden gekommen war, saß nun plötzlich in Hemd und Unterhose vor seinen Schülern, und die fielen fast unter die Bänke, so schüttelten sie sich vor Lachen.

Schuhe wünschte sich Großvater Bambus als nächstes, und im selben Augenblick stand ein würdiger Schutzmann in Sokken auf einer Verkehrsinsel und war darüber so verwirrt, daß er seinen Standplatz verließ und sich in einer Telefonzelle versteckte. Großvater Bambus schüttelte indes fleißig und voll Freude weiter den Bart. Er erschüttelte sich ein Fernsehgerät, einen Plattenspieler, eine Schreibmaschine, ein paar hübsche Bücher und schließlich Geld.

„Einen Zehn-Mark-Schein", begann er bescheiden.

Kaum war der Wunsch ausgesprochen, lag der Schein vor ihm, und Großvater Bambus bückte sich danach.

„Und jetzt einen Hunderter."

Es kribbelte unterm Kinn, der Kuckuck rief, und der Hunderter war auch schon da. Für den Bart schien das alles nur ein Kinderspiel zu sein.

Nun kam Großvater Bambus der Gedanke, daß er nicht nur sich, sondern auch seinen Kindern und Enkeln allerlei Freude mit dem Bart bereiten könnte. Und so holte er seine Lieblingsenkelin Sonja aus dem oberen Stockwerk, nahm sie an der Hand und ging mit ihr in die Stadt. Vor einem großen Spielwarengeschäft blieben die beiden stehen.

„Nun, was möchtest du haben?" fragte er die Kleine.

„Dort – die schöne große Puppe", seufzte das Mädchen und drückte die Nase gegen das Schaufensterglas. „Aber die ist sicher sehr, sehr teuer."

Schon wollte Großvater Bambus den Bart schütteln, um Sonja die gewünschte Puppe zu beschaffen. Aber dann dachte er, es wäre vielleicht doch klüger, die Puppe zu kaufen. So führte er denn seine Enkelin ins Ladeninnere und erstand die Puppe. Als die Verkäuferin an der Kasse den Betrag nannte, flüsterte Großvater Bambus nur „Siebenundvierzig Mark", schüttelte den Bart, und sogleich flatterten die Scheine und purzelten die Münzen auf die Theke. Der Kassiererin war der Vorgang nicht geheuer. Schließlich aber nahm sie an, der Mann hielte seine Börse im Bart versteckt, weil sie dort kein Taschendieb vermuten würde.

„Und nun", fragte Großvater Bambus, als sie wieder auf der Straße standen, „was möchtest du nun haben, mein Kind?"

„Einen schönen Wagen für meine Puppe", sagte das Mädchen. „Aber ich möchte einen ganz großen Wagen. Am liebsten wäre mir ein richtiger Kinderwagen."

Sie traten nochmals in das Geschäft, erstanden einen Kinderwagen, und Großvater Bambus schüttelte wieder das Geld aus dem Bart. Der Kassiererin wurde es unheimlich. Hatte sie doch diesmal ganz genau gesehen, daß der alte Herr keine Börse unter dem Bart trug.

„Wie machst du das eigentlich, Opa?" fragte nun auch Sonja, als sie wieder auf der Straße standen.

„Das weiß ich selbst nicht so genau, Kind", lachte Großvater Bambus und zupfte an seinem Bart.

Wie erschrak er, als im selben Augenblick, da er „Kind" gesagt hatte, vor seinen Füßen ein kreischender Säugling lag.

„Da habe ich etwas Schönes angerichtet", meinte er nun und kratzte sich am Kopf.

„Aber wieso denn?" Sonja dachte viel praktischer als ihr Opa. „Wir legen das Kind in meinen Wagen zur Puppe und bringen es zu uns nach Hause."

„Nun ja, aber . . ."

„Ach, ich habe mir doch schon immer ein Brüderchen oder ein Schwesterchen gewünscht", sagte Sonja.

„Und ich kann das Kind wirklich nicht auf dem Straßen-

pflaster liegen lassen", sagte Großvater Bambus zu sich. Also hob er den schreienden Säugling fürsorglich auf und legte ihn in den Wagen.

In diesem Augenblick kam auch schon eine Frau um die Ecke gerannt, und hinter ihr rannte, nicht minder keuchend, ein Schutzmann.

„Mein Kind!" schrie die Frau außer sich. „Mein Kind ist entführt worden!"

Der Säugling krähte im Wagen, als stäke er am Spieß.

„Da!" kreischte die Frau und schüttelte die Fäuste vor Wut.

„Da! Hier ist mein Kind! – Oh, Sie Unmensch!" fuhr sie nun Großvater Bambus an. „Sie wollten mein Kind entführen! Ins Zuchthaus gehören Sie! Ins Zuchthaus mit Ihnen!"

Die Frau nahm den Säugling aus dem Wagen, preßte ihn an sich und versuchte ihn zu beruhigen. Der Schutzmann pflanzte sich indes neben Großvater Bambus auf und schnarrte: „Nun, mein Herr? Was haben Sie dazu zu sagen?"

„Nun, eigentlich gar nichts", sagte Großvater Bambus. „Es war ein unglücklicher Zwischenfall. Ich versichere Ihnen, daß so etwas nicht mehr vorkommen wird."

„Kommen Sie mit", sagte der Schutzmann scharf.

„Wieso?" fragte Großvater Bambus. „Ich bin an der peinlichen Geschichte so unschuldig wie dieser Säugling. Ich habe ihn ganz zufällig hier vor meinen Füßen gefunden. Jawohl. Das ist alles. Auf Wiedersehen, mein Herr. Und einen schönen guten Morgen."

Er nahm Sonja bei der Hand und wollte gehen.

„Einen Augenblick noch", sagte der Schutzmann. „Was ist mit diesem Wagen hier?"

„Den habe ich für die Puppe meiner Enkelin gekauft."

„Ich finde, der Wagen ist ziemlich groß für eine Puppe. Das ist nämlich ein richtiger Kinderwagen."

14

„Nun, wie Sie sehen, ist auch die Puppe sehr groß."

„Es tut mir leid, mein Herr, aber Sie müssen mit mir kommen. Erklären Sie alles Nähere dem Herrn Kommissar."

In diesem Augenblick tat Großvater Bambus etwas sehr Unkluges. Er versuchte davonzulaufen. Aber der Schutzmann war schneller. Er packte den alten Mann beim Bart und rief: „Und dieser Bart? Der ist auch falsch. Wohl angeklebt, wie? Das kennen wir."

„Zwei Bleigewichte", flüsterte Großvater Bambus.

Im selben Augenblick jaulte der Schutzmann auf vor Schmerz. Zwei schwere Gewichte waren ihm genau auf die Zehen gefallen.

Wiederum versuchte Großvater Bambus zu fliehen. Aber er kam nicht weit. Zwar konnte der Schutzmann nur hinter ihm herhumpeln, dafür aber hatte er ein schrilles Trillerpfeifchen an seiner Brusttasche hängen. Und auf diesem trillerte er nun, daß aller Verkehr in den Straßen stillstand. So lange trillerte er, bis ein zweiter Schutzmann aus einer Nebenstraße herbeieilte und Großvater Bambus festnahm.

Sonja wurde von dem zweiten Schutzmann nach Hause geführt. Großvater Bambus hingegen brachte man in die Polizeizentrale und führte ihn dort Kommissar Schwingsbeutl vor. Schwingsbeutl begann sogleich mit einem strengen Verhör.

„Ich kann wirklich nichts dafür. Ich bin unschuldig an allem", versicherte in weinerlichem Tonfall Großvater Bambus, nachdem ihm Schwingsbeutl nahegelegt hatte, ein Geständnis abzulegen, denn das wäre für ihn das beste.

„Sie wollten einen Säugling entführen!" schrie Schwingsbeutl. „Und außerdem haben Sie einem Schutzmann zwei schwere Gewichte auf die Füße geschleudert." Nun bemühte er sich, Großvater Bambussens Bart abzunehmen. Denn, so dachte er, solch schönen Bart gibt es in Wirklichkeit gar nicht. Ganz sicher ist der Bart falsch und nur aufgeklebt.

„Ich bin wirklich unschuldig", heulte Großvater Bambus auf, denn das Ziehen und Zerren an seinem Bart schmerzte ihn arg. „Ich habe doch selber erst heute früh bemerkt, welche Eigenschaften in meinem Bart stecken."

„Welche Eigenschaften?"

Nun mußte er wohl oder übel das Geheimnis des Bartes lüften. „Wenn ich den Bart schüttle und gleichzeitig einen Wunsch ausspreche, so fällt das Gewünschte heraus."

Die Beamten sahen einander an. „Für Verrückte bin ich nicht zuständig", erklärte Kommissar Schwingsbeutl. „Wohl aber für Leute, die sich mit der Behörde schlechte Witze erlauben."

„Sie dürfen sich auch etwas wünschen, ich habe nichts dagegen", sagte Großvater Bambus kleinlaut.

„Ja, eine Schreibmaschine, damit ich darauf einen Haftbefehl..."

Weiter kam Kommissar Schwingsbeutl nicht. Denn im selben Augenblick sauste auch schon eine Schreibmaschine gegen sein rechtes Schienbein.

„Sie unverschämter Kerl!" raste der Getroffene und hüpfte auf dem unbeschädigten Bein wie ein Vogel durch die Wachstube.

„Aber Sie wollten doch eine Schreibmaschine", sagte Großvater Bambus ganz verschüchtert.

„Eine Höllenmaschine will ich!" schrie der Kommissar. „Eine Höllenmaschine, mit der Sie in die Luft fliegen."

„Höllenmaschine", sagte Großvater Bambus, zupfte an seinem Bart, und schon lag eine gefährlich tickende Zeitbombe auf dem Boden.

Die anwesenden Polizisten überkam das nackte Grauen.

Schließlich faßten sich zwei Männer ein Herz und schleppten das gefährliche Geschenk in den Hof. Dort entschärften sie die Höllenmaschine mit größter Vorsicht.

„Was sind Sie für ein Mensch!" schrie Kommissar Schwingsbeutl. „Ich werde Sie in die dunkelste Zelle sperren lassen, damit Sie sich derlei Scherze abgewöhnen!"

„Aber ich kann doch nichts dafür! Es ist ja nur mein Bart..."

„Ihr Bart, soso, Ihr Bart!"

„Ja, ein sonderbarer Bart, in der Tat. Wollen Sie vielleicht noch eine Schreibmaschine haben?"

„Danke. Handschellen wären mir jetzt lieber."

„Handschellen", sagte Großvater Bambus ahnungslos, zupfte an dem Bartende, und schon lag ein Paar Handschellen vor ihm auf dem Boden.

Der Kommissar starrte auf die Handschellen, dann auf Großvater Bambus. Dann aber packte er voll Ingrimm das Bartende und schrie: „Was ist das für ein Bart, zum Donnerwetter?"

Kaum hatte er das Wort „Donnerwetter" ausgesprochen, als ein ohrenbetäubendes Bersten und Krachen die Schreibstube durchdröhnte. Es blitzte und donnerte, es hagelte und schauerte – und als alles vorüber war, da war das Haar aller Männer im Raum von Blitzen versengt.

„Ein Donnerwetter haben Sie sich gewünscht! Sie Unglücksmensch! Mein schöner Schüttelbart ist weg!" heulte Großvater Bambus auf.

„Ich vermute eher, daß Sie eine zweite Höllenmaschine in Ihrem Bart versteckt gehalten haben, und die ist vorzeitig losgegangen", brüllte Kommissar Schwingsbeutl.

„Aber ich bitte Sie, Herr Kommissar! Haben Sie schon einmal von einer Höllenmaschine gehört, die es hageln läßt?"

„Nein, allerdings nicht", sagte der Kommissar nachdenklich.

„Oh, mein schöner, guter Bart", jammerte Großvater Bambus. „So lange hat es gedauert, bis er das wurde, was er war, und nun ist seine Herrlichkeit verschwunden."

Zwei Tage behielt man Großvater Bambus im Polizeigefängnis, dann entließ man ihn nach Hause.

Seit jenem Tag sitzt er ganz still im stillsten Winkel seiner Wohnung und streicht über die spärlichen Reste seines schönen Bartes.

„Zehn Jahre wird es dauern, bis der Bart wieder so stattlich sein wird, wie er war", sagt er zu sich selbst. „Zehn Jahre. Aber dann werde ich dem Herrn Kommissar zeigen, was ich mit dem Bart noch alles machen kann!"

DAS LAMA BALTHASAR

Im stillsten Winkel des Städtischen Zoos stand eine kleine, schindelgedeckte Hütte. Darin wohnte das Lama des Tiergartens. Es hörte auf den schönen Namen Balthasar.

Balthasar war ein überaus friedfertiges Tier. Dreimal am Tag fraß es seine Portion Heu, die man ihm vorsetzte, es blickte milde vor sich hin und hatte nur eine Unart, die man ihm übelnahm: Es spuckte häufig. Lamas pflegen zu spucken, und Balthasar war keine Ausnahme. Vor allem spuckte Balthasar auf Leute, die ihm keine Süßigkeiten mitgebracht hatten. Denn nicht nur Heu liebte Balthasar, sondern auch Schokoladebonbons und Erdnüsse. Wer also zu Balthasar kam, um ihn zu sehen, tat gut daran, ein paar Bonbons mitzubringen.

Eines Tages änderte sich das beschauliche Leben des Lamas. Der Wärter, welcher Balthasar jeden Morgen pünktlich das Heu in die Raufe warf, hatte vom Zoodirektor einen Brief erhalten. Dieser Brief war, das stand auf dem Umschlag deutlich zu lesen, an das Lama Balthasar im Zoo gerichtet.

Da Balthasar schon etwas schlecht sah, aber auch schon in früheren Jahren nie gut hatte lesen können, öffnete der Wärter den Brief und las seinem Schützling das Schreiben vor.

In dem Brief stand etwas sehr Erstaunliches.

Der Empfänger dieses Schreibens, so war da zu lesen, sei zum Schulrat der Stadt ernannt worden. Sein Dienstzimmer

habe die Nummer 444 und befinde sich im zweiten Stock des Rathauses.

Auch wenn Balthasar schon etwas alt geworden war, so war er doch klug genug, um zu wissen, daß man dem Bescheid eines Amtes gehorchen müsse. Er spuckte noch einem Glatzköpfigen tüchtig auf den Spiegel, daß dieser sich eine Kopfwäsche ersparte. Der Glatzköpfige hatte nämlich boshafterweise versucht, Balthasar eine Zigarette ins Maul zu stecken. Dann nahm Balthasar rührenden Abschied von seinem Wärter und machte sich auf den Weg in die Stadt. Der Wärter schenkte ihm noch einen Kugelschreiber; den steckte sich Balthasar hinters rechte Ohr.

Als Balthasar beim Rathaus ankam, wollte ihm der Portier den Eintritt verwehren. Balthasar spuckte ihm daraufhin wohlgezielt in beide Augen und gelangte unangefochten in

sein Zimmer. Dort ließ er sich am Schreibtisch nieder und beschloß, sich von niemandem mehr vertreiben zu lassen.

Zum Glück saß im Vorzimmer Balthasars eine tüchtige Sekretärin, die schon für seinen Vorgänger im Schulamt, Herrn Schulrat Grützbeuschl, alle Arbeiten erledigt hatte. Und da Balthasar außerdem von so gutmütiger Natur war, wie es Schulräte nur äußerst selten sind, heckte er keine Bosheiten gegen Lehrer und Schüler aus wie alle seine Vorgänger. In den Schulen der Stadt hieß es bald: „Ach, welches Glück haben wir doch! Unser neuer Schulrat ist ein wahrer Engel. Ja, wir haben wirklich großes Glück mit unserem Balthasar."

Das sagten natürlich nur alle jene, die Balthasar nie gesehen hatten; und da es sehr schwer war, Balthasar zu besuchen, weil die Dame im Vorzimmer jedermann abwies, kannte niemand außer ganz wenigen Leuten den neuen Schulrat.

Balthasar saß Tag für Tag an seinem Schreibtisch. Seine Sekretärin, die früher für Schulrat Grützbeuschl Kaffee und Brötchen besorgt hatte, sorgte nun für Heu und Erdnüsse. Selbst zur Nachtzeit verließ Balthasar nicht das Amt. Er schlief unter dem Schreibtisch.

„Ach, welch ein fleißiger Mann ist doch der neue Schulrat", raunte man bald in der ganzen Stadt. „Sogar des Nachts ist er in seinem Amt und arbeitet." Und alle Welt lobte Balthasar und sprach nur Gutes von ihm.

Nach zwei Wochen dachte Balthasar, daß es allmählich an der Zeit wäre, sich den Beamten in den angrenzenden Dienstzimmern vorzustellen. Aber nachdem eine Dame fast vom Schlag gerührt war und zwei weitere in Ohnmacht gesunken waren, gab er diesen Plan wieder auf. Dafür begann er nun, wie es seiner Pflicht als Schulrat entsprach, jeden Tag eine andere Schule zu besuchen.

Hei, welche Freude da die Kinder hatten! Und auch die Lehrer sahen Balthasar gern in ihren Stunden, ganz im Gegensatz zu Grützbeuschl, der stets nur herumzunörgeln pflegte und vielerlei auszusetzen hatte. Bei Balthasar genügte es, eine Tüte Erdnüsse in der Tasche zu haben, und schon war der neue Schulrat bester Laune. Er spuckte mit den Kindern um die Wette und freute sich unbändig, wenn er noch aus dem hintersten Winkel der Klasse in den Papierkorb traf. Wie fröhlich und aufgelockert war doch plötzlich das Unterrichten geworden!

Von Tag zu Tag gingen die Kinder lieber in die Schule, und zu Beginn jeder ersten Stunde sagten sie: „Hoffentlich kommt heute wieder unser lieber Schulrat Balthasar zu uns."

Auch die Eltern waren voll des Lobes. Sie erkannten bald, daß die Kinder viel lieber und viel leichter lernten als früher, daß sie immer lachten und fröhlich waren, wenn sie aus der

Schule kamen, und daß auch die Lehrer lachten und fröhlich waren und selbst der griesgrämigste Direktor aufzublühen begann. „Was für ein netter Herr muß doch dieser neue Schulrat sein", sagten die Eltern. Daß er aussehe wie ein Lama – das hielten sie für eine Übertreibung der Kinder.

Nach einem Monat jedoch wurden die Mienen der Lehrer wieder düster, den Kindern verging das Lachen allmählich, der Unterricht wurde strenger, und das Lernen fiel schwer.

„Was ist geschehen?" fragten die Eltern.

„Ach, unser lieber Schulrat Balthasar ist nicht mehr da", sagten die Kinder. „Jetzt ist wieder ein richtiger böser Schulrat im Amt, und vor dem fürchten wir uns. Und auch die Lehrerin hat gesagt, daß sie sich vor ihm fürchtet."

Tatsächlich hatte im Zimmer 444 im zweiten Stock des Rathauses ein beleibter und immerzu zornig dreinsehender Herr den Platz Balthasars bezogen. Er bemühte sich, den Schlendrian, wie er es nannte, der da eingerissen war, so rasch wie möglich zu beseitigen.

Der Name des neuen Herrn Schulrats war Balthasar Lama.

Als ihm die Sekretärin am Morgen seines Einzugs einen Arm voll Heu bringen wollte, warf er sie kurzerhand hinaus. Und als ihn ein Kind in der ersten Klasse während eines Schulbesuchs fragte, ob er auch so schöne Muster an die Decke spucken könne wie sein Vorgänger, schrie er sich die Kehle wund. Als ihm aber gar ein Lehrer schüchtern ein paar Erdnüsse anzubieten wagte, wies er den Ärmsten aus der Schule.

„Welch ein Skandal!" rief Schulrat Balthasar Lama, sooft er in die Direktion einer Schule trat, um dort vom Herrn Direktor unterwürfig mit einem Gläschen Wein gelabt zu werden. „Welch ein Skandal! Zwei Monate hat es gebraucht, bis ich die Beleidigung von mir habe abstreifen können."

Und dann zog Schulrat Balthasar Lama stets einen Brief

aus der Tasche. „Diesen Brief hat mir die Post ins Haus gebracht", sagte er. „Lesen Sie selbst."

Dann lasen die Direktoren: „Liebes Lama Balthasar! Du warst immer sehr freundlich zu den Kindern. Dein Wärter soll Dir von heute an täglich einen Beutel voller Erdnüsse zusätzlich verabreichen. Könntest Du Dir endlich abgewöhnen, erwachsene Leute anzuspucken, so würden wir Dir gern zwei Beutel bringen. Du bist ein sehr liebes Tier. Der Tierschutzverein der Stadt."

„Und diesen Brief", krähte Schulrat Balthasar Lama, „diesen Brief hat man mir zugeschickt. Es ist empörend!"

Einmal wagte ein Direktor die Frage: „Haben Sie die Erdnüsse auch wirklich bekommen, Herr Schulrat?"

Da schrie Schulrat Lama so furchtbar mit dem Direktor, daß im Turnsaal zwei Fensterscheiben zersprangen.

Das Lama Balthasar saß indessen wieder vor seiner Hütte im stillsten Winkel des Städtischen Zoos und wunderte sich über die Launen der Menschen. Es war zu alt, um zu begreifen, daß manchmal Briefe falsch zugestellt werden können, besonders dann, wenn die Empfänger der Briefe den gleichen Namen tragen.

Aber da ihm an jedem Morgen vom Wärter ein Beutel mit Erdnüssen überreicht wurde, war Balthasar mit seinem Los zufrieden. Stundenlang sah er den spielenden Kindern zu, die auf dem Weg Buchstaben und Ziffern in den Sand ritzten, und lächelte milde vor sich hin.

DRAHTIGER HAARWUCHS

Herr Melchior Stangensieb betrachtete sich häufig im Spiegel. Er tat dies sehr genau. War er doch der Ansicht, ein besonders schöner Mann zu sein. Dabei war er gar nicht schön. Aber das Spiegelbild täuscht viele Menschen.

Eines Morgens, als Herr Stangensieb wieder einmal vor dem Spiegel feststellen wollte, welch schöner Mann er doch wäre, machte er eine beängstigende Entdeckung. Sein Kopfhaar schimmerte und glänzte in höchst eigenartiger Weise. Er fuhr ein paarmal mit dem Kamm durch die Strähnen und wunderte sich, daß dieser gleich beim erstenmal drei Zähne einbüßte.

„Was ist mit meinem Haar geschehen?" fragte sich Herr Stangensieb. „So plötzlich über Nacht? Mir gefällt das gar nicht, nein, das gefällt mir gar nicht."

Er bürstete das Haar mit einer Bürste, da der Kamm nach dem Kämmen fast unbrauchbar geworden war, und ging nachdenklich zu seiner Arbeitsstätte. Herr Stangensieb war Automechaniker. Er liebte seinen Beruf. Am liebsten lag er unter ganz großen und schönen Wagen. Dann träumte er davon, in ihnen zu sitzen und übers weite Land zu fahren. Aber an jenem Morgen hatte er für seine Traumfahrten kaum Gedanken übrig. Er mußte immerzu an den Kamm und an den merkwürdigen Schimmer in seinem Haar denken.

Am nächsten Morgen schimmerte Herrn Stangensiebs Kopfhaar noch härter, noch metallischer als tags zuvor. Als er mit der Hand hindurchfuhr, klirrte es leise. Voll Schreck zog sich Herr Stangensieb ein einzelnes Haar aus. Er hielt es gegen das Licht, er bog und drehte es, und sein geübtes Mechanikerauge hatte alsbald erkannt, daß das Haar kein Haar mehr war. Er hielt statt dessen ein Stück dünnen Draht zwischen den Fingern.

„Das ist eine unangenehme Überraschung", entsetzte sich Herr Stangensieb. „Statt der Haare wachsen mir plötzlich Drähte aus dem Kopf. Ich muß sofort zu einem Friseur gehen, um mir das Haar schneiden zu lassen. Vielleicht legt sich dann dieser Mißwuchs."

Der Friseur lächelte zunächst bloß, als ihm Herr Stangensieb seine Sorgen wegen des Haares mitteilte.

„Oh, ich bin noch mit jedem Haar fertig geworden", sagte er. „Setzen Sie sich bitte in den Stuhl. Ich lege Ihnen ein weißes Tuch um – so –, und nun werden wir die Haare tüchtig schneiden."

Weiter kam er mit seinen großsprecherischen Reden nicht. Denn schon verklemmte sich die Schere im Kopfhaar Herrn Stangensiebs. Sie war bereits nach wenigen Schnitten stumpf geworden, und der Friseur mußte ein halbes Dutzend Scheren aus der Lade holen, bis er sein Werk einigermaßen vollendet hatte.

„Beehren Sie mich bitte nicht wieder", sagte er, nachdem er Herrn Stangensieb den dreifachen Preis abverlangt hatte. „Schneiden Sie Ihr Haar in Zukunft gefälligst selber. Feilen Sie es zu, zwicken Sie es mit der Zange ab, oder benützen Sie einen Schweißbrenner. Nur bitte betreten Sie nie mehr meinen Laden. Ich bin ein ehrlicher Geschäftsmann. Und ich habe den eisernen Willen . . ." Hier stockte er.

„Das ist es", sagte Herr Stangensieb. „Ich habe nämlich auch einen eisernen Willen. Und vielleicht sind das die schrecklichen Folgen." Damit ging er.

Nach diesem Schnitt wuchsen die Drahthaare noch stärker als zuvor. Auch ihr Durchmesser wurde dicker und dicker. Herr Stangensieb verstand es bald, durch Rollen der Kopfhaut die Haare so aufzustellen, daß er einem Igel glich.

„Ach", sagte er, „noch vor ein paar Wochen war ich ein sehr schöner Mann. Und nun bin ich gestraft, weil mir Drahtstifte statt der Haare aus der Kopfhaut sprießen. Als Kind habe ich einmal eine Schraube verschluckt, aber das kann wohl nicht der Grund für dieses seltsame Wachstum sein. Und daß ich täglich an Autos herumbastle, wird auch nicht dazu beigetragen haben. Denn alle meine Kollegen in der Werkstatt haben seidenweiches Haar. Nur mir wachsen Drähte auf dem Kopf."

Ein Kollege, dem Herr Stangensieb drei Tage lang sein Los geklagt hatte, gab ihm die Anschrift eines Wunderheilers. Ihn sollte er aufsuchen und um Rat fragen.

Herr Stangensieb suchte den Wunderheiler auf. Aber der lachte nur und sagte zu ihm: „Ihnen kann nur eines helfen, junger Freund. Ich schreibe Ihnen das Mittel auf. Das besorgen Sie sich so rasch wie möglich."

Stangensieb bedankte sich und eilte mit dem Rezept in die nächste Apotheke. „Hier sind Sie im falschen Laden", sagte das Fräulein in der Apotheke und gab ihm das Rezept zurück. „Das Farbengeschäft ist nebenan."

„Das Farbengeschäft? Wieso denn ein Farbengeschäft?"

„Auf Ihrem Zettel steht der Name eines Rostschutzmittels", sagte das Fräulein. „Rostschutzanstriche bekommen Sie nur im Farbengeschäft nebenan."

Herr Stangensieb verzichtete darauf, das Rostschutzmittel

zu kaufen. Auch wagte er sich kaum noch an seinen Arbeitsplatz. Alle Freunde und Bekannten hänselten ihn. Überwand er seine Ängste und ging er wieder einmal seinem Beruf nach, so lag er noch häufiger als früher unter den großen und schönen Wagen. Aber nun träumte er nicht mehr davon, in ihnen zu sitzen und durch die Lande zu brausen. Er träumte nur noch davon, wieder so schönes Haar zu besitzen wie noch vor wenigen Monaten.

Herr Stangensieb fühlte sich todunglücklich, wenn er sich morgens vor den Spiegel stellte, um sich darin zu betrachten. Und nur, um sich von seinem Unglück abzulenken, erfand er mehr und mehr Kunststücke, die er mit seinem Haar ausführen konnte. Er stellte das Haar wie Stacheln auf, er formte Muster, er ließ es aneinanderreiben, daß es zwitscherte und kreischte wie in einem Vogelkäfig.

Wie groß aber war Herrn Stangensiebs Entsetzen, als eines Tages auch sein Barthaar drahtig wurde. Sein Rasierapparat klemmte und zerrte ihm die Gesichtshaut wund. Als er sich mit der Klinge zu rasieren begann, war diese schon nach wenigen Strichen stumpf. Eine Weile versuchte er noch, dem Bart mit einer Feile beizukommen. Aber dann ließ er den Draht auch aus seinen Backen und dem Kinn ungehindert sprießen.

Seine Stellung in der Autohandlung hatte er aufgegeben. Er versuchte sich in anderen Berufen. Eine Weile war er Vertreter einer Drahtzaunfabrik. Er verstand es nämlich, jedes Muster, das die Fabrik lieferte, auf seinem Kopf und mit Hilfe seines Bartes zu bilden. Aber das metallische Klingeln, das stets um ihn war, störte die Kunden so sehr, daß sie ihm keine Aufträge erteilten.

Auch bei einem Elektriker arbeitete Herr Stangensieb eine Zeitlang. Der Meister fand es besonders angenehm, daß sein neuer Geselle keinerlei Drähte aus dem Lager zu holen brauchte. Wenn er einen Draht benötigte, riß er ihn sich einfach aus der Kopfhaut oder aus dem Bart. Doch nachdem Herr Stangensieb einige Male in den Stromkreis geraten war, erkannte er, daß der Umgang mit dem elektrischen Strom für ihn lebensgefährlich war.

So verdingte er sich denn bei einem Zirkus, hielt Abend für Abend seinen Bart ins Feuer, bis er glühte, und spießte mit dem hochgestellten Haupthaar Bananen auf, die ihm das Publikum zuwarf.

Eines Tages hielt der Zirkus in einer großen Stadt, über der auf einem Hügel eine mächtige Burg thronte. Da es den ganzen Tag über regnete, beschloß Herr Stangensieb, die Burg zu besichtigen. Er war der einzige Besucher, und so schlenderte er unbehindert, wenn auch einsam und verlassen, durch die Säle und Gänge und haderte mit seinem Schicksal.

Plötzlich geriet er in einen Saal, in welchem eine große Zahl eiserner Ritterrüstungen stand. Die Ritter hatten die Visiere heruntergeklappt und standen stumm aufgereiht nebeneinander.

„Ach, wie habt ihr es gut", sagte Herr Stangensieb. „Ihr konntet eure stählerne Kleidung ausziehen. Ich aber trage meine Drähte an mir herum, und niemand vermag mir zu helfen."

Er rieb mit seinem Bart an einer der Rüstungen, und plötzlich begann die Rüstung zu kichern.

„Entschuldigen Sie", sagte die Rüstung. „Ich bin so kitzlig. Sie haben aber einen lustigen Bart. Darf ich den einmal anfassen?"

„O bitte", sagte Herr Stangensieb und war überaus verblüfft, daß eine Ritterrüstung sprechen konnte. Noch erstaunter war er, als sich nun die eiserne Faust unter leisem Quietschen emporhob und ihn am Barte zog.

„Das ist gutes, echtes Metall", sagte die Rüstung und erwies sich damit als Kenner. „So etwas hat es zu meiner Zeit noch nicht gegeben. Jaja, die Welt schreitet fort. Ist es wahr, daß man heute in Rüstungen auf vier Gummirädern schlüpft und mit ihnen zum Turnier auf breiten Straßen antritt?"

„Es stimmt nur zum Teil", sagte Herr Stangensieb. „Die Autos, die Sie wohl meinen, sind eigentlich keine Rüstungen. Sie dienen nur der rascheren Fortbewegung."

„Aber man fährt mit ihnen aufeinander los. Ich kann von hier aus auf die Straße hinübersehen. Die Rüstungen treffen nicht allzuoft aufeinander, aber einmal in der Woche kracht es bestimmt. Da sind dann zwei tüchtige Turnierkämpfer aneinandergeraten."

„Sie haben es dennoch nicht beabsichtigt", sagte Herr Stangensieb.

„So? Nicht beabsichtigt? Merkwürdig, merkwürdig. Wie sich doch die Welt verändert hat."

„Kommen Sie mit mir", sagte Herr Stangensieb. „Sehen Sie sich ein wenig um, draußen vor der Burg."

Die Rüstung zögerte. „Nun ja, aber ganz allein will ich nicht mitkommen. Ich werde ein paar meiner Kollegen fragen."

Er bog den Kopf nach rechts und dann nach links, es quietschte und ächzte, und schließlich schritten drei große eiserne Rüstungen hinter Herrn Stangensieb aus dem Saal.

Der Pförtner traute seinen Augen nicht. „He!" rief er. „He! Was soll das?"

„Ich habe mein Schwert im Saal gelassen", sagte die eine der Rüstungen. „Sonst würde ich ihm jetzt den Kopf abhauen."

„Gehen wir zurück", sagte die zweite Rüstung. „Holen wir unsere Schwerter. Wir können doch nicht ohne Waffen die

Burg verlassen. Was ist, wenn man uns zum Turnier auffordert?"

„Ja, und holen wir auch unsere Spieße und Stangen."

Die Rüstungen lachten dröhnend, kehrten in den Saal zurück und kamen schwer bewaffnet wieder. Der Pförtner hatte sich inzwischen ängstlich verkrochen, und das rettete ihm das Leben.

In einem Gasthaus ließen sich die drei Ritterrüstungen und Herr Stangensieb nieder. Die Ritter brüllten und schrien und zechten, daß es eine Art war. Der Gastwirt umschlich vorsichtig den Tisch, wagte aber nichts gegen das Lärmen und Schreien zu sagen, denn ganz geheuer schien ihm die Sache nicht.

Erst als einer der Ritter mit einem mächtigen Faustschlag den Tisch zertrümmerte, griff er zum Telefon und verständigte das Überfallkommando.

Wenige Minuten später war die Polizei im Gasthof.

„Oho", sagten die Ritterrüstungen. „Nun kommt es doch noch zu einem ritterlichen Turnier. Seht die wackeren Männer, die sich uns entgegenstellen."

„Aber sie haben gar keine Rüstungen an", sagte der zweite Ritter.

„Wir werden vorsichtig schlagen, damit wir sie nicht zu arg verletzen", sagte der dritte Ritter.

Und dann begann ein wildes Handgemenge.

Eine Viertelstunde später hatten die Männer des Überfallkommandos zerrissene Uniformen und zerhauene Köpfe und flohen in ihrem Dienstwagen.

„Wir danken für das ehrenvolle Turnier", riefen ihnen die Ritter nach. Dann taten sie noch einen gütlichen Umtrunk, ja, und dann verabschiedeten sie sich von Herrn Stangensieb. Sie wollten wieder in die Burg zurückkehren, sagten sie. Die

Welt, wie sie heute wäre, hätten sie gesehen. In ihrem Saal hätten sie mehr Ruhe, und das sei auch einiges wert.

So wurde Herr Stangensieb allein im Wirtshaus angetroffen, als die Schutzleute mit Verstärkung zurückkamen. Er stach zwar mit seinem Bart einen Kommissar in den Arm, aber ehe er sich's versah, hatte er schon Handschellen an den Gelenken und wurde abgeführt.

Noch in derselben Nacht floh er aus seiner Zelle. Er hatte sich hierzu aus seinen Haaren eine Drahtschnur geflochten, an der er sich abseilte.

Man hat seither nie wieder etwas von Herrn Stangensieb gehört. Vielleicht hatte er sich alle Haare zum Drehen der Drahtschnur ausreißen müssen? Immerhin hatte seine Zelle im dritten Stock des Gefängnisses gelegen. Das Unfallkommando verwendet die Drahtschnur noch heute als Abschleppseil. Vor allem dann, wenn ein beschädigter Wagen in jene Werkstatt gebracht werden muß, in der Herr Stangensieb einst gearbeitet hat.

DIE SINGENDE GEBURTSTAGSTORTE

Katja hatte Geburtstag. Das war nichts Außergewöhnliches. Jedem Menschen widerfährt das einmal im Jahr. Doch Katja feierte einen ganz besonderen Geburtstag. Sie wurde zehn Jahre alt. Und ein runder Geburtstag, ein Geburtstag mit einer Null am Ende, den gibt es nur alle zehn Jahre einmal. Selbst für die größten und bedeutendsten Leute.

Da also Katjas Geburtstag ein außerordentlicher Geburtstag war, beschloß die Mutter des Mädchens, eine außerordentlich schöne Geburtstagstorte zu backen. Einen Vormittag lang rührte sie in Schüsseln und Töpfen, schlug Eier auf, siebte das Mehl, zerhackte Haselnüsse und ließ Schokolade im Wasserbad zerlaufen. Und das Ergebnis lohnte wirklich die Mühen. Alle Mitglieder der Familie waren sich darüber einig, noch nie eine schönere Torte gesehen zu haben.

„Ob sie auch so gut schmeckt, wie sie aussieht?" wollte Katja wissen.

„Ganz gewiß", sagte die Mutter. „Aber um das zu erfahren, mußt du noch einen Tag warten."

Ach, wie langsam verstrich der Abend! Und der nächste Vormittag in der Schule wollte überhaupt kein Ende nehmen.

Aber dann war der Nachmittag gekommen. Alles stand bereit zur großen Geburtstagsfeier. Katja hatte zwei Freundinnen eingeladen, die Mutter hatte eine riesige Kanne süßen

Kakao zubereitet, und nun sollte die Torte angeschnitten werden.

Da geschah etwas höchst Merkwürdiges. Des Messers Schneide hatte die Torte noch nicht berührt, als plötzlich ein kräftiger Jodler vom Tisch her klang.

„Oho", sagte die Mutter und lachte. „Ich wußte gar nicht, daß deine Freundinnen so gut singen können."

Die drei Mädchen sahen einander an und sagten nichts. Auch die Mutter blickte bloß fragend von einer zur anderen, dann zuckte sie mit den Achseln und wollte endlich die Torte anschneiden.

Da klang abermals ein Jodler auf. Und dann ein paar Takte eines Liedes.

„Sonderbar", sagte Frau Bratenkleister, so hieß nämlich Katjas Mutter, „ich hätte schwören können, daß das von der Torte her kam."

„Es kam von der Torte her", sagte Katja. „Oder ist vielleicht unter dem Tisch ein Tonbandgerät oder ein Kassettenrecorder versteckt?" Sie bückte sich und sah unter die Tischdecke. „Nein. Hier ist nichts."

Frau Bratenkleister machte einen neuerlichen Versuch. Sie näherte das Messer der Torte, aber noch ehe die Schneide die Glasur berührt hatte, erklang ein schallender Gesang, dem alsogleich ein kunstvoller Jodler folgte.

Nun sahen auch alle, daß die Torte während der musikalischen Darbietung zitterte und schwabbelte, so wie ein Pudding, den man unsanft auf den Tisch stellt.

„Das geht nicht mit rechten Dingen zu", meinte Frau Bratenkleister. „Immer dann, wenn ich die Torte anschneiden will, beginnt sie zu singen und zu jodeln. Das ist doch gegen alle Vernunft. Im Kochbuch stand jedenfalls nichts davon."

„Vielleicht sollte ich einmal versuchen, die Torte anzuschneiden?" fragte Katja. „Wir haben alle drei schon großen Hunger."

„Ja, ja", riefen Annemarie und Rosmarie, die beiden Freundinnen. „Tu das. Der Kakao ist gut. Wie gut wird er erst zusammen mit der Torte schmecken!"

Aber als nun Katja das Messer hob, um das erste Stück von der Torte zu schneiden, erging es ihr nicht besser als zuvor der Mutter. Die Torte sang und jodelte und wollte mit ihren musikalischen Kunststücken gar nicht mehr aufhören.

„Bitte stell das Ungeheuer in den Kühlschrank", stöhnte Frau Bratenkleister arg verwirrt. „Ich muß mich ein wenig zu Bett begeben. Ein kühles Tuch auf der Stirn wird mir guttun."

Die Torte wurde in den Kühlschrank gestellt. Katja und ihre Freundinnen tranken Kakao. Dabei verzogen alle drei den Mund. „Das ist vielleicht eine Geburtstagsfeier", sagte Rosmarie. „Nicht einmal ein Stück Torte gibt es in diesem Haus."

„Es gibt eine Torte", sagte Katja. „Aber wir können doch nicht eine Torte in Stücke schneiden und aufessen, die singt und jodelt."

„Warum eigentlich nicht?" fragte Annemarie.

„Ja, warum eigentlich nicht? Vielleicht hat sie inzwischen ihre Stimme in der Kälte verloren."

Die Torte wurde wiederum auf den Tisch gestellt und das Messer gezückt. Aber nun begann die Torte so laut und mächtig zu singen und zu jodeln, daß man es bis in den obersten Stock des Hochhauses hören konnte.

„Ihr seht, man kommt gar nicht dazu, die Torte anzuschneiden", sagte Katja. „Es nützt nichts. Wir werden heute ohne Torte auskommen müssen."

„Schade", meinte Annemarie. „Dabei sah sie so lecker aus."

„Wirklich schade", pflichtete ihr Rosmarie bei.

Am Abend kam Herr Bratenkleister nach Hause. Sogleich wurde ihm die sonderbare Torte vorgeführt. Sie sang und jodelte nun schon so laut, daß die Leute auf der Straße stehenblieben und schmunzelnd in die Höhe blickten. „Haben Sie einen Tiroler oder einen Bayern im Haus?" fragte ein Herr in einem Kamelhaarmantel. „Sagen Sie dem Herrn, ich würde ihn auch gern einmal einladen. Ich liebe Jodelgesänge über alles."

„Wir haben niemanden zu Gast hier", erwiderte Herr Bratenkleister, „weder einen Bayern noch einen Tiroler. Bei uns singt eine verrückt gewordene Torte."

„Eine was?"

„Eine Geburtstagstorte."

Der Mann im Kamelhaarmantel platzte fast vor Lachen. „Sie Scherzbold", rief er und flatterte mit den Armen. „Das ist ein guter Witz, hahaha! Eine singende Torte! Hahaha!"

Verärgert trat Herr Bratenkleister vom Fenster zurück. „Die Leute haben kein Mitgefühl für das Mißgeschick ihrer Nachbarn", sagte er. Dann wandte er sich an seine Frau. „Was hast du nur in den Teig getan, du Unglücksrabe von einer Köchin?" fragte er scherzhaft. „Irgend etwas muß doch da hineingeraten sein."

„Holario! Holaridioh!" jodelte die Torte.

Frau Bratenkleister sank beinahe in Ohnmacht. „Jetzt singt sie schon, wenn kein Messer in der Nähe ist", jammerte sie.

Wiederum wurde die Torte in den Kühlschrank verbannt. Von Zeit zu Zeit drangen ihre immer lauter werdenden Jodler und Gesänge aus dem Kasten.

Es war gegen zehn Uhr abends, als es an der Wohnungstür klingelte. Herr Knurrglocke, ein griesgrämiger alter Junggeselle, stand im Hausflur.

„Man ist an allerhand gewöhnt", sagte er und verzog den Mund, daß man seine gelben Stockzähne sah. „Man ist, wie gesagt, an vielerlei gewöhnt in diesem Haus. Nicht aber daran, daß jemand Jodel- und Singübungen macht, als hätte er die Absicht, sich demnächst als Senner in den Alpen zu verdingen. Ich bin dagegen, daß so etwas in einem Haus geübt wird, in dem ich wohne."

„Verzeihung", sagte Herr Bratenkleister. „Ich werde, so gut ich kann, Abhilfe schaffen." Damit drängte er Herrn Knurrglocke aus dem Türrahmen und drehte den Schlüssel zweimal um.

„Wir müssen den Kühlschrank gegen Lärm abdichten", sagte Frau Bratenkleister. Und gleich darauf schleppte sie den halben Kleiderschrank herbei und umhüllte den Kühlschrank mit Mänteln, Polstern und Decken. Tatsächlich war nun das Jodeln nur noch schwach zu hören, und Herr Knurrglocke würde vermutlich eine geruhsame Nacht verbringen können.

Die Nacht der Bratenkleisters war allerdings leicht gestört.

„Was fangen wir nur mit der Torte an?" fragte Frau Bratenkleister. „Essen können wir sie nicht. Sie jodelt ja, sobald man sie anschneiden will."

„Vielleicht jodelt sie nur so lange, bis ein Stück heruntergeschnitten ist", meinte Herr Bratenkleister. „Man müßte es versuchen."

„Aber bitte nicht jetzt. Nein, und bitte auch nicht morgen und nicht übermorgen. Ich will von der Torte nichts mehr wissen."

„Gut. Dann werden wir sie" – er lächelte über seinen guten Einfall –, „dann werden wir sie morgen einem Kindergarten schenken. Da ist immer sehr viel Lärm, ich bin überzeugt, daß in dem Kinderhort das Jodeln im Geschrei der kleinen Leute untergeht."

Am frühen Morgen schon brachte Herr Bratenkleister die Torte, die glücklicherweise das Jodeln ohne Anlaß wieder aufgegeben hatte, in ein Kinderheim. Die Schwester, die sie in Empfang nahm, dankte überschwenglich, und die Kinder winkten Herrn Bratenkleister zu, bis er wieder in seinen Wagen eingestiegen war.

Doch kaum eine Stunde später stand dieselbe Schwester vor der Wohnungstür der Bratenkleisters.

„Es ist mir sehr unangenehm", sagte sie, „Ihnen die Torte zurückbringen zu müssen. Aber irgend etwas scheint mit ihr nicht in Ordnung zu sein."

„So?" fragte Frau Bratenkleister und gab sich betont kühl. „Was sollte mit der Torte nicht in Ordnung sein?"

„Nun ja", druckste die Kinderschwester herum, „es klingt vielleicht unglaubwürdig. Aber sooft ich mit dem Messer in ihre Nähe kam, um ein Stück herunterzuschneiden..."

„Was geschah da?"

„Ich würde es nicht glauben, hätte ich es nicht selber erlebt", sagte die Schwester. „Haben Sie vielleicht ein Messer hier? Ich möchte es Ihnen vorführen."

„Danke, nein", sagte Frau Bratenkleister, nahm die Torte und schlug die Tür zu. Das war nicht sehr höflich, aber in der Aufregung kann derlei schon geschehen.

„Himmel, was machen wir nur mit der Torte", klagte sie, als ihr Mann am Abend heimkam. Denn inzwischen hatte die Torte wieder begonnen, völlig ohne jeden Grund, wenn auch nicht allzu häufig, Melodien und Jodeltöne von sich zu geben.

„Das kommt davon, weil du aus dem Kochbuch unbedingt die ‚Alpenländische Geburtstagstorte' hast backen müssen", warf Herr Bratenkleister seiner Frau vor. „Weiß der Kuckuck, welcher Berggeist dieses Rezept ausgeheckt hat."

„Aber sie sah doch so schön aus auf der Abbildung",

schluchzte Frau Bratenkleister. „Und im letzten Jahr hat es dir doch auch in den Alpen so gut gefallen."

„Dort hat man mir auch keine alpenländische Geburtstagstorte angeboten", erwiderte der Mann.

Plötzlich lächelte er wieder wie immer, wenn ihm ein guter Gedanke kam.

„Wir geben die Torte in ein Heim", sagte er.

„Aber nein. Das hast du doch heute schon versucht."

„In ein Heim für Gehörlose", sagte er. „In ein Taubstummenheim. Die hören doch nicht, wenn die Torte jodelt. Die werden das Ungeheuer verzehren, und damit hat der Spuk ein Ende."

Gesagt, getan. Zunächst mußte der Kühlschrank wieder mit Betten und Decken und Mänteln vermauert werden, damit Herr Knurrglocke ja nicht in seiner Nachtruhe gestört wurde. Am nächsten Morgen aber fuhr Herr Bratenkleister zum nächsten Heim für Gehörlose und gab dort die Torte ab.

Gegen Mittag kam er wieder an dem Gebäude vorbei. Er blieb stehen, denn ein schauriges Jodeln, laut und überaus scharf, übertönte den Straßenlärm.

Herr Bratenkleister stieg aus und blickte vorsichtig durch eines der Fenster.

„Ich wußte gar nicht, daß ein Taubstummer so gut jodeln kann", sagte neben ihm ein Mann. Er trug einen Kamelhaarmantel.

„Das ist auch kein Taubstummer", sagte Herr Bratenkleister zaghaft. „Das ist vielmehr eine jodelnde Geburtstagstorte."

„Eine jodelnde Geburtstagstorte? Das habe ich doch gestern abend schon einmal gehört", sagte der Mann im Kamelhaarmantel kopfschüttelnd. „Ich glaube, in dieser Stadt leben mehr Verrückte, als man gemeinhin annimmt."

40

Das Jodeln war verstummt. Herr Bratenkleister blickte noch immer durch das Fenster. Ein Dutzend Gehörloser saß an einem Tisch und aß mit großem Genuß die Torte.

Plötzlich, wie auf ein geheimes Zeichen, standen die Tauben auf. Sie hüpften glückselig lachend im Zimmer herum und fielen einander in die Arme. Dann tanzten sie auf Zehenspitzen hinaus auf den Gang.

Kein Zweifel, sie hörten in ihrem Innern so etwas wie Musik.

DER WÄRMEREGLER

Herr Futterpelz war krank. Schon länger als drei Wochen fühlte er sich nicht wohl. Täglich um sieben Uhr früh maß er das Fieber, und immer stieg die Quecksilbersäule einige Grad über die rote Marke. Dann seufzte Herr Futterpelz jedesmal und sagte: „Ich möchte nur wissen, was mir fehlt. Aber das wissen nicht einmal die Ärzte. Und die sollten es wirklich besser wissen als ich."

In der Tat war es noch keinem Arzt gelungen, Herrn Futterpelz zu helfen. Sie schüttelten den Kopf, sooft der Kranke sie aufsuchte, und verschrieben ihm jedesmal eine neue Arznei. Aber anscheinend halfen alle Medizinen nichts.

Nun lag das freilich daran, daß Herr Futterpelz die Arzneien gar nicht nahm. Er fürchtete sich davor, die Pulver und Kügelchen zu schlucken, die man ihm verschrieb. Aber das wußten die Ärzte nicht.

„Nein", sagte Herr Futterpelz zu seinem besten Freund, Herrn Klauenpfau, „diese Pillen, die mir Dr. Blaukürbis heute verschrieben hat, kann ich auch nicht nehmen. Ich habe gehört, daß ein junges Mädchen diese Pillen genommen hat und darauf zu einem Kaninchen geworden ist. Ich will kein Kaninchen werden."

„Ach, du übertreibst", sagte Herr Klauenpfau. „Das sind Märchen, die man dir aufgebunden hat. Hast du die roten

Tropfen, die dir Dr. Uhrenfreund verschrieben hat, auch nicht genommen?"

„Ich habe gehört", sagte Herr Futterpelz, „daß ein Mann, der dieselben Tropfen geschluckt hat, am nächsten Morgen als Eichhörnchen aufgewacht sei. Ich will kein Eichhörnchen werden."

Klauenpfau schüttelte den Kopf. „Dir ist nicht zu helfen", meinte er.

„Das fürchte ich auch", seufzte Herr Futterpelz.

Nichtsdestoweniger suchte Herr Futterpelz in der vierten Woche seiner Krankheit wieder Dr. Uhrenfreund heim. Uhrenfreund war sein Hausarzt, und zu ihm hatte er noch am meisten Vertrauen.

„Alle Ihre Tropfen und Pillen nützen mir nichts", sagte er. „Sie müssen sich etwas anderes einfallen lassen, Herr Doktor."

„Vielleicht versuchen wir es einmal mit einem guten alten Kräutertee", meinte der Arzt.

„Nein, Kräutertee möchte ich nicht trinken", sagte Herr Futterpelz. „Ich habe gehört, daß einer Katze, die versehentlich von einem Kräutertee geschleckt hat, plötzlich ein zweiter Kopf gewachsen sei. Ich will keinen zweiten Kopf haben. Sie müssen sich etwas Besseres einfallen lassen, Herr Doktor."

Dr. Uhrenfreund dachte nach. Dann sagte er: „Lieber guter Mann, ich sehe nur noch einen Weg, um Ihrer Krankheit Herr zu werden. Angenehm ist dieser Weg freilich nicht, aber das ständige Fieber ist schließlich auch kein Honiglecken."

„Wie recht Sie haben", sagte Herr Futterpelz.

„Denken Sie einmal an den Heißwasserspeicher in Ihrer Wohnung", sagte der Arzt.

„Ich bitte Sie, Herr Doktor! Glauben Sie ja nicht, daß ich mich etwa mit dem brühheißen Wasser aus dem Speicher dusche. Ich habe gehört, eine alte Frau, die das getan hat, soll heute als Fledermaus in einer Dachkammer herumflattern. Ich will keine Fledermaus werden. Da scheint mir das Fieber immer noch das kleinere Übel zu sein."

„Niemand spricht vom Duschen", sagte der Arzt. „Ich wollte nur einen Vergleich ziehen zwischen Ihnen und dem Heißwasserspeicher. Warum, frage ich Sie, kocht solch ein Heißwasserspeicher nie über? Weil in ihm ein Wärmeregler ist. Hat das Wasser eine bestimmte Hitze erreicht, so schaltet der Wärmeregler den Heizstrom ab."

„Und was hat das mit mir zu tun?"

„Ich will versuchen, Ihnen einen ganz ähnlichen Wärmeregler einzubauen", sagte der Arzt. „Ich stelle den Wärmeregler auf 36,6 Grad Celsius ein, das ist Ihre normale Körpertemperatur. Und dann soll das Fieber zusehen, wie es sich in Ihrem Blut breitmachen will."

Herr Futterpelz seufzte tief. Aber der Vorschlag leuchtete ihm ein. „Wann würden Sie mir den Wärmeregler einsetzen?" fragte er.

„Morgen", sagte der Arzt. „Kommen Sie morgen zu mir."

Am nächsten Morgen betäubte Dr. Uhrenfreund eine handtellergroße Fläche auf Herrn Futterpelzens Rücken, machte einen kleinen Schnitt und setzte ihm einen Wärmeregler unter die Haut. Nach wenigen Minuten war die Haut wieder vernäht, und nur ein Rädchen, mit dem man die Gradeinteilung nachstellen konnte, war sichtbar. Dr. Uhrenfreund schrieb eine genaue Gebrauchsanweisung, wie der Wärmeregler zu betätigen sei, falls dies einmal nötig wäre, und bat Herrn Futterpelz, in ein paar Tagen wieder vorbeizukommen.

Schon am nächsten Morgen fühlte sich Herr Futterpelz kerngesund. Seine Körpertemperatur sank auf 36,6 Grad Celsius, und dort blieb sie, und der allzu lange kank Gewesene fühlte sich pudelwohl in seiner Haut. Schon vierzehn Tage später wagte er eine Geschäftsreise ins Ausland und fuhr nach London.

Als er durch die Innenstadt Londons schlenderte, glaubte er plötzlich, mit seiner Körpertemperatur sei etwas nicht in Ordnung. Fühlte er zuviel Kälte, fühlte er zuviel Hitze in den Gliedern? Er wußte es nicht. Oder lag es nur daran, daß er weit weg von Dr. Uhrenfreund, seinem Hausarzt, war? Litt er nur an Angst, daß sich etwas an seinem Wärmeregler verschoben haben könnte?

Herr Futterpelz war ein vorsichtiger Mann. Er las aufmerksam die Tafeln an den Hauseingängen der Straßen, durch die er schritt, und als er die Tafel eines Arztes gefunden hatte, suchte er diesen auf.

Der englische Arzt, an den Herr Futterpelz geraten war, trug einen Knebelbart und sprach nur sehr schlecht deutsch. Immerhin vermochte ihm Herr Futterpelz begreiflich zu machen, weshalb er gekommen war.

Der Arzt strich seinen Bart, las wieder und wieder die Gebrauchsanweisung und begann schließlich, an dem Rädchen des Wärmereglers zu drehen. „So", sagte er schließlich in gebrochenem Deutsch, „das müßte genügen. 36,6 Grad. Der Regler war ziemlich verstellt."

Herr Futterpelz dankte in ebenso gebrochenem Englisch und verabschiedete sich von dem Knebelbärtigen.

Allerdings begann Herrn Futterpelz schon nach einer halben Stunde wirklich zu frösteln. Und allmählich fror er so arg, daß er mit den Zähnen klapperte und mit den Armen um sich schlug wie eine Windmühle. Er floh in sein Hotel, verlangte heißen Tee und ein noch heißeres Heizkissen, fror ärger und ärger, und nach zwei Stunden wurde er hart und steif und fühlte sich an, als bestünde er aus Eis. „Ich will heim! Ich will nach Hause und zu Dr. Uhrenfreund gebracht werden", ächzte und krächzte er noch. Dann wußte er von nichts mehr, was mit ihm geschah.

Der Hotelbesitzer und zwei Angestellte schoben Herrn Futterpelz in einen heißen Backofen und telefonierten mit Dr. Uhrenfreund.

Herrn Futterpelzens Hausarzt kam mit einem Flugzeug und untersuchte den beinhart Gefrorenen.

„Mein Kollege ist ein Rindvieh", sagte Dr. Uhrenfreund und drehte an dem Rädchen. „Haben Sie ihm denn nicht die Gebrauchsanweisung zu lesen gegeben?"

Herr Futterpelz war noch nicht ganz bei klarem Kopf. „O ja. Das habe ich schon getan. Aber . . ." Ach, wie wohlig ihm nun die Wärme wieder durch die Gelenke stieg!

„Dacht' ich mir's doch", sagte Dr. Uhrenfreund. „Hier liegt

das Mißverständnis. Mein Kollege hat nicht bedacht, daß wir auf dem Festland die Temperatur nach Celsiusgraden messen, während man sie in England nach Fahrenheit mißt. 36,6 Grad Fahrenheit, das sind nur ungefähr drei Grad Celsius. Kein Wunder, daß Sie fast erfroren wären."

„Was soll ich tun?" ächzte Herr Futterpelz. „Ich habe hier in London noch wichtige Geschäfte abzuschließen."

„Ich werde eine neue Gebrauchsanweisung schreiben", versprach Dr. Uhrenfreund.

Der Arzt schrieb eine neue Gebrauchsanweisung, verabschiedete sich von Herrn Futterpelz und flog in seine Heimat zurück.

Schon am nächsten Tag aber glaubte Herr Futterpelz wieder, daß sein Wärmeregler nicht richtig eingestellt sei. „Es ist ein Jammer mit Dr. Uhrenfreund", sagte er zu sich. „Er hat nicht beste Arbeit geleistet. Der Flug scheint ihm schlecht bekommen zu sein. Nun muß ich schon wieder einen englischen Arzt aufsuchen, um meine Temperatur regeln zu lassen."

Aufmerksam ging er durch die Straßen der Innenstadt und hielt Ausschau nach einer Ärztetafel. Und als er eine gefunden hatte, suchte er den Arzt auf.

Der Londoner Arzt las kopfschüttelnd die Gebrauchsanweisung, betrachtete dann den Wärmeregler und sagte darauf in fließendem Deutsch: „Der Regler ist viel zu tief eingestellt. Da heißt es tüchtig aufdrehen, mein Bester, sonst erfrieren Sie mir noch."

„Ich bin so glücklich, an Sie geraten zu sein", sagte Herr Futterpelz. „Sie sprechen so gut deutsch, Ihnen kann man sein Leiden genau erklären."

„Ich bin Deutscher", bemerkte der Arzt. „Meine Frau ist Engländerin, deshalb lebe ich in London. Es war mir ein Vergnügen, einen Landsmann behandelt zu haben. Guten Tag."

Fröhlichen Muts verabschiedete sich Herr Futterpelz von dem Arzt und suchte den Weg zu seinem Hotel.

Wohlige Wärme durchströmte ihn. Dies scheint heute ein heißer Tag zu werden, dachte er. Merkwürdig nur, daß all die anderen Leute völlig vermummt und in dicke Mäntel gehüllt durch die Straßen eilten. Herr Futterpelz zog indes den Mantel aus, dann zog er den Rock aus, dann nahm er die Krawatte ab und öffnete den Kragenknopf. „Puh, ist das eine Hitze", stöhnte er. „Das läßt sich bald nicht mehr aushalten."

Ganz plötzlich war die Angst wieder da.

So rasch er konnte, eilte er in sein Hotel zurück. Schon schnappte er nach Luft, schon brauste und dampfte und kochte es in seinen Adern. Herr Futterpelz setzte sich auf einen Hokker in der Hotelbar und goß ein eisgekühltes Getränk nach dem anderen in sich hinein. Schließlich fiel er über den Eiskübel her und schlang die Eisbrocken hastig hinunter, einen nach dem anderen. Die Gäste, der Barmann und der Hotelbesitzer waren ratlos. Eine Ader platzte in Herrn Futterpelzens Nase, es rauchte und dampfte und quoll ihm aus Mund und Augen und Ohren. „Bringt Doktor Uhrenfreund hierher", ächzte er. „Rasch, ehe es zu spät ist!" Dann stopfte er sich in jedes Ohr einen Trichter und goß kaltes Wasser in sie.

Dies war das letzte, woran er sich erinnern konnte.

Der Hotelbesitzer schritt mit zwei Angestellten wiederum zur Tat. Ein Laufbursche holte aus dem Zeughaus der Feuerwehr drei Paar feuerfeste Handschuhe. Der Hotelbesitzer und seine Angestellten zogen sie an, dann packten sie Herrn Futterpelz und legten ihn in eine Tiefkühltruhe.

Wenige Stunden später landete das Flugzeug mit Doktor Uhrenfreund an Bord.

Dr. Uhrenfreund schlug die Hände über dem Kopf zusammen, als er sah, in welchem Zustand sich Herr Futterpelz diesmal befand.

„Bei welchem Arzt waren Sie denn diesmal?" fragte er entsetzt. „Haben Sie denn nicht meine neue Gebrauchsanweisung bei sich gehabt?"

„O ja, das habe ich. Ich konnte mich mit dem Herrn Doktor auch bestens unterhalten. Er war nämlich Deutscher."

„Nun, dann hat sich auch dieser an die falsche Gradeinteilung gehalten", stöhnte Dr. Uhrenfreund. „Eigens für den englischen Hausgebrauch habe ich nämlich aufgeschrieben, daß der Regler auf 99 Grad Fahrenheit gestellt werden müsse. Das entspräche 36,6 Grad Celsius. Und diesmal hat der Herr Kollege auf 99 Grad Celsius gestellt. Ich sagte es immer schon: Die Ärzte verstehen zu wenig von Physik."

Mit einigen Handgriffen war der Wärmeregler wieder auf den Normalstand gebracht.

„Ach, wissen Sie, Herr Doktor", stöhnte Herr Futterpelz. „Ich möchte mit Ihnen zurück nach Hause fliegen. In der Luft, hoch oben über dem Kanal, muß ich Ihnen ein Geständnis ablegen."

Sie flogen zusammen zurück in die Heimat.

„Der Einbau des Wärmereglers wäre gar nicht nötig gewesen, glaube ich", sagte Herr Futterpelz verschämt, „wenn ich von Anfang an Ihre Pillen und Tropfen und Pulver genommen hätte."

„Was sagen Sie da?" fragte Dr. Uhrenfreund erstaunt. „Sie haben meine Medizin nie genommen?"

„Nein. Ich hatte nämlich Angst, ich könnte mich in ein Kaninchen verwandeln oder in ein Eichhörnchen oder gar in ein Krokodil."

„Das ist doch blanker Unsinn", sagte der Arzt.

„Nun, das habe ich inzwischen auch eingesehen", sagte Herr Futterpelz. „Wenn wir wieder daheim sind, nehmen Sie mir bitte den Wärmeregler aus dem Rücken. In Zukunft will ich doch lieber ein paar Tropfen oder Pillen schlucken."

Noch am selben Abend betäubte Dr. Uhrenfreund jene Stelle am Rücken von Herrn Futterpelz, wo der Wärmeregler saß, machte einen kleinen Schnitt und entfernte das Gerät.

„Sie sind der dümmste Mensch, der mir je untergekommen ist", sagte er. „Wie einfach wäre Ihre Krankheit zu behandeln gewesen, hätten Sie nur gleich meine Arzneien genommen. Statt dessen wollten Sie lieber gefroren und gesotten werden."

„Und das ist noch schlimmer, denn als Eichhörnchen oder Kaninchen durch die Welt zu laufen", sagte Herr Futterpelz.

HERR MAX HAT EINEN VOGEL

Buchhalter sind ehrenwerte Leute. Sie schreiben Zahlen in Bücher und tippen Zahlen in Rechenmaschinen. Die Rechenmaschinen surren und rasseln und spucken neue Zahlen aus. Und diese Zahlen schreiben die Buchhalter dann wieder in Bücher.

Herr Max war Buchhalter und ein sehr ehrenwerter Mann. Er war auch bescheiden und höflich. Ganz anders als sein Vorgesetzter, der Oberbuchhalter Maximilian, der von heftigem und jähzornigem Gemüt war.

„Wo haben Sie die Rechnung für das Tierheim Knurrglocke abgelegt?" schrie Oberbuchhalter Maximilian den Buchhalter Max an, als er nach der Mittagspause ins gemeinsame Büro trat. „Seit einer Stunde suche ich die Rechnung und finde sie nicht."

Max dachte nach. Er war etwas langsam im Denken. Er hatte zuviel mit Zahlen zu tun. Mit dem Schreiben von Zahlen, mit dem Tippen von Zahlen, mit dem Ablesen von Zahlen. Da war das Denken mit der Zeit ein wenig eingerostet.

Oberbuchhalter Maximilian wartete die Antwort erst gar nicht ab. Er riß eine Mappe nach der anderen aus dem Regal und wühlte darin. Endlich hatte er gefunden, was er suchte.

„Da ist sie ja", rief er und schnaubte vor Wut. „Unter G haben Sie die Rechnung abgelegt. G wie Glocke. Aber der

Mann heißt Knurrglocke. Tierheim Knurrglocke! K! Merken Sie sich das."

„Ich dachte", wagte Max zu sagen, „ich dachte..."

„Denken Sie nicht", erboste sich Maximilian. „Sie haben nicht zu denken. Es wird ärger mit Ihnen von Tag zu Tag." Er schnalzte mit der Zunge. „Legt dieser Mensch eine Rechnung für das Tierheim Knurrglocke unter Glocke ab. – Sie haben wohl einen Vogel, Herr Max?"

„Piep", sagte es im selben Augenblick in Maxens Kopf.

Max begann eben darüber nachzudenken, woher das Piepsen gekommen sein mochte, als er bemerkte, daß Maximilian mit offenem Mund vor ihm stand. „Nein, so etwas", stammelte Maximilian schließlich und konnte den Mund noch immer nicht zumachen.

Max verspürte ein merkwürdiges Trippeln im Gehirn. Dann hörte er neuerlich, wie eine helle Stimme „Piep" sagte.

Maximilian machte Augen so groß wie Wagenräder und tastete nach einem Stuhl. Max hingegen fühlte aufs neue das leise Trippeln in seinem Kopf, und gleichzeitig hatte er das Gefühl, als schlüge irgendwo in seinem Gehirn eine Tür auf und zu.

„Buchhalter Max", stammelte Maximilian endlich, „Buchhalter Max, entweder sind Sie verrückt, oder ich bin verrückt geworden durch Sie und Ihre ständigen Dummheiten."

„Nun, ich fühle mich nicht anders als sonst", sagte Max trotzig, auch wenn ihm das Trippeln in seinem Gehirn nicht geheuer vorkam.

Maximilian öffnete die Tür zum Nebenraum und rief hinein: „Doris, Elli, Gudrun! Kommt herein! Seht euch das einmal an!"

Die drei Sekretärinnen kamen neugierig zur Tür herein. Maximilian zeigte mit bebender Hand auf Max.

„Piep", sagte es bei dem.

Die Mädchen kicherten. „Das ist ja toll", sagte Doris. „Wie machen Sie das?"

„Ja, das müssen Sie uns näher erklären", sagte Elli.

„Und mir müssen Sie es unbedingt einmal leihen, bitte, bitte", sagte Gudrun.

„Was soll ich Ihnen erklären, und was soll ich Ihnen leihen?" fragte Max. Er verspürte ein ungutes Gefühl in seinem Magen.

„Nun ja, die Sache mit Ihrem Vogel", kicherte Doris.

„Mit meinem Vogel?"

„Piep!" schrie es im selben Augenblick wieder, und die Mädchen lachten aus vollem Hals.

„Herr Maximilian", sagte Max mit schwacher Stimme, „würden Sie mir bitte Ihren Stuhl überlassen, ich muß mich setzen."

Maximilian drückte Max auf seinen Stuhl und blickte auf die Mädchen, die einander plötzlich recht betreten ansahen.

„Ich bringe Ihnen einen Spiegel", sagte Gudrun. „Damit Sie sehen, wie komisch das aussieht."

Auch Doris und Elli holten ihre Spiegel, sie bauten sie vor Max auf dem Schreibtisch auf. Max brütete verstört in sein dreifaches Spiegelbild hinein, Herr Maximilian und die Mädchen beobachteten ihn prüfend.

Plötzlich schrie es wieder: „Piep!" Eine Tür sprang mitten auf der Stirn von Herrn Max auf, genau unter dem Haaransatz, ein Vogel reckte sich heraus, schlug mit den Flügeln, schrie ein zweites Mal und verschwand wieder. Das Türchen schloß sich, und sogleich war auch die letzte Spur des seltsamen Vorgangs verschwunden.

Max starrte entgeistert in die Spiegel. Dann kniff er sich in den Arm. War er denn wach? Träumte er? Aber da standen ja die Mädchen neben ihm, und auch Maximilian sah ihn so merkwürdig an.

„Herr Oberbuchhalter", sagte Max, „bitte würden Sie mir gestatten, nach Hause zu gehen? Ich fühle mich heute wirklich nicht ganz wohl."

Maximilian nickte stumm mit dem Kopf. Ihm war die Sache alles eher denn geheuer. Und weiß Gott, am Ende war diese Krankheit – um eine solche handelte es sich allem Anschein nach – auch noch ansteckend. Er würde sich schön bedanken, auch einen Vogel im Kopf zu haben, der plötzlich und ganz unvermutet „Piep" sagte, eine Tür aufstieß und mit den Flügeln schlug.

Max ging heim. Er wagte nicht, mit dem Bus zu fahren. Was sollten die Leute im Autobus denken, wenn sie seinen Vogel sähen? Tatsächlich piepste dieser einige Male auf dem Weg nach Hause. Aber der Straßenverkehr war viel zu laut, als daß jemand der zahllosen Fußgänger etwas bemerkt hätte.

Zu Hause angekommen, legte sich Herr Max auf das Sofa. Er stellte zufrieden fest, daß sich die Pieptöne verringerten. Allerdings trat zu ihnen allmählich ein Brausen und Klingen wie von Glockentönen, und das erfüllte ihn mit neuem Entsetzen. Der Vogel dachte anscheinend nicht daran, wieder zu verschwinden. Ganz im Gegenteil, in Maxens Kopf schien sich eine regelrechte Uhr mit Vogelgeschrei und Glockenschlag einzunisten.

Als es zu dunkeln begann, hatte sich die Befürchtung des Buchhalters erfüllt. Zu jeder halben und zu jeder vollen Stunde erdröhnte in Maxens Kopf der Stundenschlag. Dann öffnete sich das Türlein an der Stirn, der Vogel piepste und schlug mit den Flügeln und verschwand wieder. Zwar wußte Herr Max nun jederzeit genau, wie spät es war. Aber wie schwer und teuer mußte er dieses Wissen bezahlen!

Bei Tag setzte er einige Minuten vor jedem zu erwarten-
den Stundenschlag und Vogelruf einen Schlapphut auf, zog
ihn tief in die Stirn und legte ihn erst wieder ab, wenn beides
vorüber war. In der Nacht aber wachte er zu jeder halben
Stunde auf. Und da er ein Mensch war, der zum Einschlafen
ziemlich lange Zeit benötigte, fast eine halbe Stunde, kam es
bald so weit, daß Herr Max an Schlaf überhaupt nicht mehr
zu denken brauchte.

In den folgenden Tagen unternahm Max alles mögliche, um
das Uhrwerk und den Vogel in seinem Kopf wieder loszu-
werden. Aber alles schlug fehl. Er saß in den Sprechzimmern
von neun verschiedenen Ärzten. Acht dieser Ärzte warfen ihn
hinaus, noch ehe er seine Krankheit eingehend geschildert
hatte. Der neunte wollte dasselbe mit ihm machen. „Treiben
Sie Ihre Scherze mit anderen Leuten", sagte er eben, „ich habe
genug Sorgen mit wirklich Kranken." Da öffnete sich plötzlich das Türchen, der Vogel rief „Piep", und der Stundenschlag
ertönte.

„Ach so", sagte der Arzt und lächelte süßlich. „Sie sind
Zauberkünstler. Nun ja, das ist wirklich ein recht gut geübter
Trick. Hier haben Sie eine Mark. Das war mir der Spaß schon
wert."

„Nein!" rief Max. „Es ist kein Spaß. Und es ist kein Trick.
Es ist eine Krankheit. O bitte, Herr Doktor, heilen Sie mich!"

Der Arzt wurde sehr ernst, führte Max in das Neben-
zimmer und durchleuchtete ihm den Schädel.

„Ich kann nichts Verdächtiges in Ihrem Kopf sehen", sagte
er. „Vielleicht sollte ich Ihnen die Schädeldecke abnehmen
lassen? Freilich, wer weiß, ob sich etwas darunter fände?"

Das genügte Herrn Max. Er hatte vorderhand genug von
den Ärzten. Er beschloß, den Vogel selbst zu überlisten. So
legte er sich vor einem großen Spiegel auf die Lauer. Wenn

der Vogel aus dem Türchen schrie, wollte er ihn fassen und nicht mehr loslassen.

Aber auch das mißlang. Nur Maxens Finger bluteten von den heftigen Schnabelhieben des gefiederten Schreiers.

Nach zwei Wochen war Herr Max so verzweifelt, daß er sich gern die Schädeldecke abnehmen und den darunter liegenden Raum reinigen lassen wollte.

Er zog sich eben an, um wieder in die Sprechstunde jenes neunten Arztes zu gehen, als der Stundenschlag erdröhnte, aber das Vogelpiepsen aus einer Ecke des Zimmers kam. Max fuhr herum. Da sah er den Vogel über den Tisch hüpfen und von den Kirschen fressen, die ihm die drei Mädchen aus dem Büro vor einigen Tagen gebracht hatten.

Max stürzte sich auf den Vogel. Er wollte ihn fangen und erwürgen. Aber der Vogel war schneller. Er flatterte auf den Kopf zu, das Türchen öffnete sich, und schon war alles so glatt und unversehrt an seiner Stirn wie bei allen anderen Menschen.

Von jenem Tag an machte sich der Vogel mehr und mehr selbständig. Auch seine Ansprüche wuchsen. Wenn er nicht die geforderten Nüsse bekam, setzte er Max mit Schnabelhieben so lange zu, bis dieser nachgab und das gewünschte Futter besorgte.

Matt und zerschlagen lag Herr Max Tag für Tag auf dem Sofa und sah müden Auges dem Treiben des Vogels zu. Ach ja, wie schön waren doch die Zeiten gewesen, ehe ihn der jähzornige Oberbuchhalter angefahren und gesagt hatte: „Sie haben wohl einen Vogel!" Wer hätte gedacht, daß dieser Ausruf so schreckliche Folgen haben könnte?

Aber noch gab sich Max nicht geschlagen. Zwar dachte er nur sehr langsam, aber wenn er dachte, so tat er dies sehr gründlich. So entwickelte er einen neuen Plan, den Vogel zu überlisten. Und während das Tier im Zimmer herumflatterte und nur noch zeitweise in das Hirn Maxens zurückkehrte, verbesserte dieser seinen Plan und durchdachte ihn bis in die letzten Einzelheiten.

Dann lieh er sich von einer bekannten Dame eine Katze aus. Zwei Tage lang hielt er die Katze eingesperrt und ließ sie hungern. Am dritten Tag legte er sich aufs Sofa und wartete, bis der Vogel ausgeflogen war. Hierauf drückte er einen starken Hut gegen die Stirn und öffnete den Verschlag, hinter dem die Katze lag.

Hei, wie das ausgehungerte Tier auf den Vogel zufuhr! Der Vogel schrie und schlug mit Schnabelhieben auf Maxens Gesicht ein, aber der drückte den Hut nur noch fester gegen die Stirn. Die Stundenschläge dröhnten ununterbrochen durch den Raum. Die Nachbarn beschwerten sich, indem sie an die Wände und gegen die Decke klopften. Die Katze schoß lefzend die Gardinen hoch und die Schränke hinunter, und der Vogel flatterte, zusehends matter werdend, durch das Zimmer.

Dann, nach einer halben Stunde, hatte endlich die Katze den Vogel erwischt. Sie hieb mit ihren Krallen zu, packte ihn und würgte ihn voll Heißhunger hinunter.

Max fiel todmüde auf das Sofa zurück. Er träufelte ein paar Tropfen Jod in die Wunden. Dann erwachte er einen ganzen Tag nicht mehr, so tief war sein Schlaf. Zwar dröhnten noch immer vereinzelte Stundenschläge aus seinem Kopf, aber das Türchen blieb verschlossen. Und allmählich verstummten auch die Glocken in seinem Gehirn.

Drei Tage später kam er wieder ins Büro.

Er wurde von allen herzlich begrüßt, von den Mädchen ebenso wie vom Oberbuchhalter Maximilian. Der Oberbuchhalter versprach hoch und heilig, nie wieder eine so unvorsichtige Äußerung zu tun. Und so schwer es ihm auch fiel, er hat sein Versprechen bis auf den heutigen Tag gehalten.

Nur der Katze, die den Vogel gefangen und verspeist hatte, erging es schlecht.

Noch am selben Tag, da Max sie ihrer Besitzerin zurückgab, mußte die alte Dame sie in das Tierheim Knurrglocke einliefern. Zu jeder vollen und zu jeder halben Stunde schrie aus dem Katzenkopf ein Vogel heraus, und das machte das arme Tier so toll und wild, daß es schließlich mit einer Spritze eingeschläfert werden mußte.

„Ein höchst merkwürdiger Vorfall", sagte der Leiter des Tierheims, Herr Kasimir Knurrglocke. „Ich werde der Katze morgen früh den Schädel öffnen, um nachzusehen, was darunter steckt."

Aber am nächsten Morgen war die Katze nicht mehr im Heim. Der Kadaver war noch am Abend abgeholt und verbrannt worden.

Kasimir Knurrglocke raufte sich zehn Minuten lang das Haar, besser gesagt: die Glatze. Aber nach weiteren zehn Minuten hatte er die Sache mit dem Vogel im Katzenkopf vergessen und ärgerte sich nur noch über die hohen Rechnungen, die ihm zwei Firmenangestellte, ein Buchhalter Max und ein Oberbuchhalter Maximilian, zugestellt hatten.

DER WUNDERBAUM

Könnt ihr euch vorstellen, daß man sich wegen eines Apfels in die Haare gerät? Nun ja, das ist möglich, werdet ihr sagen, aber wahrscheinlich ist es wohl nicht.

Denkt ihr?

Hört euch einmal die Geschichten zweier Familien an, die Jahr für Jahr um einen einzigen Apfel stritten und zankten. Ein wahrer Zankapfel war dieser Apfel, von dem ich euch nun erzählen will.

Die eine der beiden Familien hieß Hackedorf, die andere Binsenbier, und beide waren sehr stolz auf ihre schönen Namen. Beide Familien wohnten am Rande einer großen Stadt in zwei kleinen Häuschen unter sehr vielen anderen kleinen Häuschen. Die Häuschen waren alle gleich klein und gleich gebaut, und klein waren auch die Gärten, die rund um die Häuschen angelegt waren.

An der Grenze des Binsenbierschen Gartens stand ein schöner Apfelbaum. Auf Apfelbäumen wachsen im allgemeinen Äpfel. Auf dem Binsenbierschen Apfelbaum aber wuchs Jahr für Jahr nur ein einziger Apfel. Und der hing noch dazu stets an einem Ast, der über den Zaun in den Hackedorfschen Garten hinüberreichte.

Wem gehörte nun der Apfel? Den Binsenbiers? Oder den Hackedorfs? Oder vielleicht beiden gemeinsam?

Da sollte sich noch einer auskennen! Der Baum stand auf Binsenbierschem Grund. Der Ast hing über Hackedorfschem Gebiet. Beide Familien wollten den Apfel ganz allein für sich haben. Zudem war es immer ein außerordentlich schöner und großer Apfel, der Herbst für Herbst an dem Zweig heranreifte. Sobald der September ins Land gezogen war, sprach man in beiden Familien wochenlang von nichts anderem als von dem schönen Apfel, den man, sobald er endlich reif geworden war, ernten wollte.

Und dann geschah jeden Herbst dasselbe: Einen Tag vor der geplanten Ernte war der Apfel verschwunden. Hackedorfs beschuldigten Binsenbiers, den Apfel gestohlen zu haben. Binsenbiers wiederum glaubten, Hackedorfs hätten sich den Apfel vom Baum geholt. Und so lebten beide Familien bis tief in den Winter hinein in grimmiger Feindschaft und versöhnten sich erst wieder, wenn das Frühjahr nahte.

Eines Tages im Frühjahr sagte Herr Hackedorf zu seiner Frau: „Liebe Frau, ich habe es satt, immer wieder wegen eines Apfels monatelang in Feindschaft mit unseren Nachbarn zu leben. Ich werde in der kommenden Nacht über Binsenbiers Zaun steigen und den Apfelbaum absägen. Dann werden wir zwar wieder verfeindet sein, vielleicht bis zum ersten Schnee. Aber dann hat diese Feindschaft endlich ein für allemal ein Ende."

„Binsenbiers werden zum Gericht laufen und uns verklagen", jammerte Frau Hackedorf. „Wir werden Strafe zahlen müssen, und am Ende kommst du noch ins Gefängnis."

Frau Hackedorf heulte so lange und so eindringlich, bis ihr Mann versprach, den Baum nicht abzusägen. Er sann auf anderes.

Und eines Morgens war ihm auch etwas eingefallen.

„Lore", sagte er zu seiner Frau, „wir hatten doch einmal

einen merkwürdigen Untermieter im Haus. Kannst du dich noch an ihn erinnern?"

„Ach ja", sagte die Frau. „Der arme Herr Klöppeltanz! Ach, welch grausames Geschick ist ihm zugestoßen!"

Herr Klöppeltanz war Straßenkehrer gewesen. Aber all seine Liebe galt Erfindungen, die er machte oder machen wollte. In jeder freien Minute hatte er Wässerchen und Pülverchen gemischt, allerlei Tränke gekocht und die sonderbarsten Bestandteile zu dicken Breien gerührt. Eines Nachts hatte ein leiser Knall das Haus erschüttert, und als Frau Hackedorf am nächsten Morgen nachschaute, was des Knalles Ursache gewesen sein mochte, fand sie Herrn Klöppeltanz, gegen die Zimmerdecke gepreßt, nicht dicker als eine mittelstarke Zeitung. Eine seiner Erfindungen hatte ihm den Tod gebracht.

„Ach, der arme Herr Klöppeltanz", sagte Frau Hackedorf noch einmal.

„Er hat doch eine Unmenge Pülverchen und Wässerchen und Salben hinterlassen", sagte Herr Hackedorf.

„Ja, die stehen alle im Keller unter der Stiege", sagte Frau Hackedorf ängstlich. „Du willst doch nicht auch anfangen, Erfindungen zu machen? Denk an dein Alter!"

„Keine Angst", lachte Herr Hackedorf. „Ich bin mit einer einzigen Erfindung zufrieden. Ich mische alle Pulver und Säfte und Salben zusammen, und wenn es finster geworden ist, gieße ich die Brühe unter den Binsenbierschen Apfelbaum."

„O Gott, o Gott", jammerte Frau Hackedorf, „wenn das nur gutgeht!"

„Der Baum ist ein Lebewesen", erläuterte Herr Hackedorf seinen Plan. „Ein Lebewesen verträgt solche Fütterungen nicht. Der Baum wird eingehen. Ich brauche ihn gar nicht abzusägen, und Binsenbiers werden nie erfahren, weshalb ihr schöner Apfelbaum so plötzlich eingegangen ist."

Als es dunkel geworden war, vermischte Herr Hackedorf alle Pulver und Salben und Säfte in einem Kübel, goß etwas Wasser auf und schüttete das übelriechende Gebräu rund um den Stamm des Apfelbaums auf den Boden. Dann legte er sich zu Bett und tat einen besonders guten Schlaf.

Am nächsten Morgen, als er neugierig ans Fenster trat, erstaunte er über alle Maßen. Der Baum hatte seine Blätter verloren, und seine Zweige schimmerten in allen Farben des Regenbogens. Der Stamm aber war unverkennbar blau geworden, fast so, als hätte man ihn mit Ölfarbe bestrichen.

„Der Baum wird eingehen", sagte Herr Hackedorf befriedigt, setzte sich in seinen Wagen und fuhr ins Büro.

Binsenbiers waren gleichfalls maßlos erstaunt über die Verwandlung des Baumes. „Ich weiß schon, was daran schuld ist", sagte Frau Binsenbier. „Habe ich nicht vor wenigen Tagen in der Zeitung gelesen, daß man wieder irgendwo eine Atombombe gezündet hat?"

„Was soll der Unsinn", sagte Herr Binsenbier und biß aus Versehen in die Zeitung statt ins Brötchen.

„Das kommt von diesen Versuchen mit den Atombomben", sagte Frau Binsenbier eigensinnig. „Du mußt noch heute einen Brief an die Regierung schreiben und dich beklagen, daß dein schönster Apfelbaum im Garten durch einen Atombombenversuch blau geworden ist."

„Ich habe nur einen einzigen Apfelbaum im Garten", sagte Herr Binsenbier und biß schon wieder, sehr zu seinem Verdruß, in die Zeitung. „Wie könnte ich schreiben: mein schönster Apfelbaum? Dazu müßte ich zumindest noch einen zweiten Apfelbaum haben. Im übrigen mag ich es nicht, wenn man mich beim Lesen stört. Der Baum ist blau geworden, das hat mit der Atombombe nichts zu tun. Und ich werde nicht schreiben."

Die Lust am weiteren Zeitungslesen war ihm gründlich vergangen, hatte er doch noch immer den Geschmack von Druckerschwärze auf der Zunge. Er stand auf, verließ das Haus, setzte sich in seinen Wagen und fuhr ins Büro.

Nun aber hatten Binsenbiers einen Hund. Das war ein ausnehmend kluges und schönes Tier. Der Hund hieß Nero und war ein Schäferhund. Nero wußte, daß sein Herr oft launisch war. Manchmal bekam er von ihm ein Überangebot an Knochen, Fleisch und Süßigkeiten, manchmal wieder gab man ihm fast nichts zu fressen, und er lag hungrig vor seiner Hundeschüssel. Da Nero aber ein kluges Tier war, vergrub er Fleisch und Knochen, sooft er reichlich zu fressen bekam, um das Vergrabene später, wenn er wieder einmal hungrig bleiben sollte, auszugraben.

An jenem Abend hatte man Nero mehr Knochen in die Schüssel getan, als er fressen konnte. So wählte er einen besonders schönen und großen Knochen aus und verscharrte ihn unter dem blau gewordenen Apfelbaum.

Was aber geschah in der folgenden Nacht?

Unerklärliches, Unbegreifliches ereignete sich!

Die Mischung all der Säfte und Salben und Pulver des verstorbenen Herrn Klöppeltanz hatten den Baum in einen ganz besonderen Baum verwandelt, wie es bis dahin noch nie einen gegeben hatte und wie so rasch auch kein zweiter mehr wachsen wird.

Als Binsenbiers am nächsten Morgen aus dem Fenster blickten, waren sie sprachlos. Der Baum war über und über mit Früchten behangen. Allerdings waren es sehr merkwürdige Früchte, die an den Zweigen hingen. Hunderte von Knochen baumelten von den Ästen.

„Das waren die Hackedorfs", tobte Herr Binsenbier. Er schlüpfte in seinen Morgenrock, eilte in den Garten und schüttelte den Baum. Ein Hagel von Knochen regnete auf ihn herab und schlug ihm einige Beulen. Darauf lief Herr Binsenbier zum Haus der Hackedorfs und läutete Sturm. Aber niemand öffnete ihm.

„Aha", rief Binsenbier. „Dachte ich mir's doch! Sie haben uns die Knochen an den Baum gehängt, um uns zu foppen. Sie suchen Streit. Wegen des Apfels können wir nicht mehr streiten, denn ein blauer Baum trägt keine Früchte. Also suchen sie Streit auf andere Weise. Sie sollen ihn haben, diese elenden Nachbarn!"

Herr Binsenbier schlüpfte in seinen besten Anzug, setzte sich in den Wagen und fuhr in die Stadt. Aber er fuhr nicht sogleich in sein Büro wie sonst an jedem Morgen. Zuvor machte er noch halt bei einem Rechtsanwalt, um seine Nachbarn zu verklagen.

„Der Herr Rechtsanwalt Siebenteufel wird es den Hackedorfs schon zeigen", sagte er am Abend zu seiner Frau. „Im übrigen habe ich uns ein paar gute Würste mitgebracht. Rechtsanwalt Siebenteufel betreibt nebenher ein schönes Fleischergeschäft."

„Ach", sagte die Frau, „und ich habe auch frische Würste gekauft. Was machen wir nun mit den vielen Würsten?"

„Wir wollen Nero eine davon geben", sagte Herr Binsenbier. „Er hat sie sich längst verdient."

„Wir wollen ihm zwei geben", sagte Frau Binsenbier. „Er hat sie sich wirklich längst verdient, der gute, brave Hund."

Nero, das kluge Tier, dachte daran, daß es vielleicht morgen schon wieder würde hungern müssen, und fraß nur eine der beiden Würste. Die andere Wurst verscharrte es unter dem schillernden Apfelbaum.

Am nächsten Morgen hing der Baum voller Würste.

„Ei, sieh da", sagte Herr Binsenbier. „Das ist in der Tat

sehr merkwürdig. Ich vermute fast, Hackedorfs wollen gut-machen, was sie gestern angerichtet haben." Er war fast ge-rührt. Aber dann faßte er sich. „Glauben diese elenden Nach-barn vielleicht, daß ich mich durch ein paar Würste bestechen lasse?" grollte er. „Die Klage ziehe ich deshalb nicht zurück."

„So viele gute Würste", staunte Frau Binsenbier. „So viele gute Würste! Was das gekostet haben mag! Aber, wer weiß, vielleicht haben die Hackedorfs die Würste vergiftet?"

„Vergiftet?" Daran hatte Herr Binsenbier nicht gedacht. „Alles ist möglich", sagte er. „Ich weiß, was wir tun. Wir schenken unserem Nachbarn zur anderen Seite ein paar von den Würsten. Morgen werden wir ja dann sehen, ob die Würste vergiftet waren oder nicht."

Und so geschah es. Der Nachbar zur anderen Seite des Gar-tens, Herr Lobenzwerg, erhielt drei Paar Würste. Herr Lo-benzwerg war Rentner. Er bedankte sich tausendmal für die saftigen Geschenke und aß sie allesamt noch am selben Abend auf, zusammen mit seiner Frau Winifreda und seinem Sohn Koloman.

„Nun", erkundigte sich am nächsten Morgen Herr Binsen-bier bei Lobenzwerg. „Wie sind Ihnen die Würste bekommen?"

„Sie waren ausgezeichnet", sagte Herr Lobenzwerg und leckte sich die Lippen. „Es waren die besten Würste, die ich seit langem gegessen habe."

„Das freut mich", sagte Herr Binsenbier. Aber es freute ihn ganz und gar nicht. Im Grunde seines Herzens war er näm-lich sehr geizig, und so reuten ihn die sechs Würste, die er den Lobenzwergs geschenkt hatte. Aber dann warf er einen Blick in die Tiefkühltruhe und sah, daß sie randvoll mit Würsten war. Denn seine Frau hatte sie fürsorglicherweise eingefroren. Da wurde ihm wieder wärmer ums Herz.

„Eigentlich könnte ich die Klage bei Dr. Siebenteufel doch

zurückziehen", sagte er. „Die Hackedorfs haben sich schließlich großartig entschuldigt."

Und tatsächlich zog er noch am selben Tag die Klage zurück.

Leutselig kam er an diesem Abend vom Büro heim. Da es schon sehr warm war, ging er noch eine Weile in seinem Gärtchen auf und ab und sah seinem Töchterchen beim Spielen zu.

„Was spielst du da?" fragte er Evi, das Töchterchen.

„Ich habe einen großen toten Käfer gefunden", sagte Evi. „Den will ich jetzt begraben."

„Aha. Soll ich dir helfen, ein Grab zu schaufeln?"

„Ja, bitte, Vati. Das wäre sehr lieb von dir. Der Spaten ist so schwer."

Herr Binsenbier nahm den Spaten und schaufelte ein Loch am Fuß des Baumes aus. Dann bettete er den Käfer in eine leere Sardinenbüchse. Auch der Käfer sollte einen Sarg haben, meinte Herr Binsenbier. Schließlich legte er den Blechsarg in das Loch und schüttete dieses wieder zu.

„Halt", rief Evi. „Vati, ich habe da drüben unter den Büschen einen toten Vogel eingegraben. Vor drei Wochen schon. Wollen wir ihn nicht zu dem toten Käfer legen?"

„O ja", sagte Binsenbier, „das wollen wir. Dann hat meine kleine Tochter einen ganz lieben, kleinen Tierfriedhof."

Nach einigem Suchen unter den Sträuchern stieß Herr Binsenbier auf das Gerippe eines jungen Raben. Er trug es gleichfalls zu dem blauen Baum, hob ein Loch aus, legte das Gerippe hinein und schüttete Erde darüber.

„So", sagte er dann. „Ist meine kleine Evi nun zufrieden mit ihrem Tierfriedhof?"

„Ja", sagte das Mädchen. „Danke, Vati."

Als Herr Binsenbier jedoch am nächsten Morgen aus dem Fenster blickte, schwindelte ihm. Was mußte er da sehen!

„Die Hackedorfs!" schrie er. „Ich werde sie eigenhändig aus den Betten prügeln und verlangen, daß sie das wieder herunternehmen! Sieh dir diesen Unfug an, Lore! Sieh dir unseren Baum an!"

Wie sah der Baum aus! Er war über und über bedeckt mit leeren Sardinenbüchsen und dareingebetteten Maikäfern sowie mit beschädigten Vogelgerippen.

„Das geht wirklich zu weit", sagte Frau Lore. „Nein, das geht zu weit. Das darf man sich nicht bieten lassen. Das also ist der Dank, daß du die Klage bei Dr. Siebenteufel zurückgezogen hast."

Aber da wurde Herr Binsenbier auf einmal sehr nachdenklich.

„Ich werde das Zeug doch selber herunterschütteln", sagte er. Er vermummte sich unter Mänteln und Decken und schüttelte den Baum so lange, bis keine „Früchte" mehr in den Zweigen hingen. Dann schaufelte er fast eine Stunde lang die beiden Mülltonnen mit leeren Sardinenbüchsen und beschädigten Vogelgerippen voll.

„Was wirst du jetzt tun?" fragte seine Frau.

„Ich muß es mir noch überlegen", sagte Herr Binsenbier. „Ich will mir etwas besonders Schreckliches für die Hackedorfs aushecken. Sei nur ruhig, meine Liebe, und laß mich nachdenken."

Ohne Frau Lore und sein Töchterchen einzuweihen, vergrub Herr Binsenbier an jenem Abend eine Wäscheleine am Fuß des Baumes.

Am nächsten Morgen war der Baum in ein Gespinst von Schnüren gewickelt.

Herr Binsenbier legte am darauffolgenden Abend zwei Glühbirnen und einen Bleistiftstummel in ein ausgegrabenes Loch.

Am Morgen hingen Glühbirnen und Bleistiftstummel in großer Zahl auf dem Baum. Leider waren die Glühbirnen schon ausgebrannt, denn der Geiz Herrn Binsenbiers hatte es nicht zugelassen, neue Glühbirnen zu vergraben. Und mit den Bleistiftstummeln konnte er auch nichts anfangen, denn sie waren zu kurz, um sich noch spitzen zu lassen.

Aber das sollte nun anders werden! Herr Binsenbier hatte schließlich eine ganz unwahrscheinliche Entdeckung gemacht. Was immer er am Abend zu Füßen des Baumes vergrub, das trug der Baum über Nacht als Früchte, um ein Vielfaches vermehrt.

Was wollte Herr Binsenbier plötzlich alles tun! Ein Kaufhaus wollte er gründen. Und die Waren wollte er sich täglich über Nacht beschaffen! Und ...

Aber, so sagte er sich, weshalb soll ich einen Umweg machen, um zu Geld zu kommen? Ich säe einfach ein paar Münzen, und am nächsten Morgen ...

Am nächsten Morgen weckte Herrn Binsenbier ein leises Klingeln und Klirren. Wind war aufgekommen, und rund um den Baum herum lagen die Münzen, so zahlreich wie Sandkörner. Leider waren es nur kleine Münzen, denn der Geiz Herrn Binsenbiers hatte es nicht zugelassen, größere Münzen ins Erdreich zu stecken.

Aber nun gab er sich endgültig einen Ruck und überwand diese schlechte Eigenschaft. Voll Vertrauen senkte er an diesem Abend einen Hundert-Mark-Schein in die Tiefe.

Die Ernte des folgenden Tages war überwältigend.

Binsenbier begann einzukaufen. Er kaufte ein neues Auto. Er kaufte einen teuren Pelzmantel für seine Frau. Er kaufte eine sprechende Puppe und eine amerikanische Puppenküche für Evi. Sogar für sich selbst kaufte er etwas, nämlich eine neue Zahnbürste. Die alte war doch schon ein wenig mitgenommen, und nur sein Geiz hatte Herrn Binsenbier bisher daran gehindert, sich eine neue zuzulegen.

Am Abend war alles Geld bis auf einen Schein ausgegeben. Aber das störte Herrn Binsenbier nicht. Den einen Schein versenkte er wiederum ins Erdreich, und am nächsten Morgen hielt er aufs neue reichliche Ernte. Drei Tage ging das so.

Am Abend des vierten Tages läuteten drei Kriminalbeamte an Binsenbiers Tür. Ein Kommissar trat zusammen mit einem Polizisten ein, der zweite Polizist hielt vor dem Haus Wache.

„Sind Sie Herr Binsenbier?" fragte der Kommissar kurz.

„Ja, der bin ich."

„Sie haben sich in den letzten Tagen ein neues Auto, einen Pelzmantel, eine Geschirrspülmaschine, eine Waschmaschine, eine mittelgroße Hochseeyacht, ein Armband mit zwölf Diamanten, eine sprechende Puppe und eine Zahnbürste gekauft", sagte der Kommissar. „Geben Sie das zu?"

„Ja, das gebe ich zu", sagte Herr Binsenbier.

„Gut. Und woher haben Sie das Geld für all diese kleinen Dinge genommen? Haben Sie eine Erbschaft gemacht?"

„Das nicht gerade", sagte Herr Binsenbier. „Aber man erspart sich so manches im Lauf der Jahre."

„Merkwürdig", sagte der Kommissar, „merkwürdig ist nur, daß alle Banknoten, die Sie sich erspart haben, dieselbe Nummer tragen." Und er zog ein gutes Dutzend Hundert-Mark-Scheine aus der Brusttasche. „Die haben alle Sie ausgegeben, Herr Binsenbier."

„Das ist in der Tat sehr merkwürdig", sagte Herr Binsenbier. „Ich kann mir beim besten Willen nicht erklären, wie das möglich war."

„Aber ich habe eine Erklärung", sagte der Kommissar. „Vermutlich betreiben Sie im Keller eine Geldfälscherwerkstatt. Geben Sie es zu? Es wäre das beste für Sie."

„O nein", sagte Herr Binsenbier. „Sie können mein ganzes Haus durchsuchen. Ich fälsche kein Geld, ich habe das nie getan, und ich werde es auch nie tun."

„Nun ja, dann sind Sie eben Mitglied einer Falschgeldbande und bringen die Blüten unter die Leute", sagte der Kommissar. „Ich muß Sie leider verhaften, Herr Binsenbier."

Frau Binsenbier war einer Ohnmacht nahe. „Oh, tun Sie mir das nicht an", jammerte sie. „Ich wußte ja, daß es mit dem vielen Geld nicht mit rechten Dingen zugehen kann. Aber er hat auch mir nicht gesagt, woher er plötzlich soviel hatte. Haben Sie doch Erbarmen mit mir und meinem Töchterchen, Herr Kommissar!"

„Ja, haben Sie Erbarmen", flehte nun auch Herr Binsenbier. „O nein, ich weiß, daß Sie im Recht sind. Aber gewähren Sie mir noch eine einzige Bitte. Ich möchte noch eine Nacht zu Hause schlafen, ehe Sie mich verhaften. Das können Sie doch verantworten."

„Daß Sie mir davonlaufen! Nein, nein. Sie kommen jetzt gleich mit mir."

„Ach bitte, Herr Kommissar! Sehen Sie, ich will ja gar nicht in meinem Bett schlafen. Ich möchte hier im Garten schlafen, unter diesem blauen Baum. Stellen Sie Wachen auf. Ich verspreche Ihnen, daß ich nicht davonlaufen werde. Es soll Ihr Schaden nicht sein, Herr Kommissar."

Der Kommissar hatte ein weiches Herz. „Na schön", sagte er. „Es ist schon Sommer, es ist warm. Schlafen Sie in Gottes Namen noch eine Nacht in Ihrem Garten. Aber versuchen Sie nicht zu fliehen. Ich stelle vier Wachleute vor die Gartentür. Wenn Sie über den Zaun springen, schießen sie."

„Ich werde gewiß nicht über den Zaun springen", versprach Herr Binsenbier. „Ich danke Ihnen für Ihre Güte."

Kopfschüttelnd sah der Kommissar noch, wie Herr Binsenbier sich anschickte, vor dem blauen Apfelbaum eine Grube zu graben. Es war eine lange, einen halben Meter tiefe Grube. In sie breitete Frau Binsenbier auf Geheiß ihres Mannes ein paar Decken, und als der Mond aufgegangen war, schlüpfte Herr Binsenbier unter die oberste Decke und schlief ein.

Auch die Wachleute dösten vor sich hin, und da es eine sehr laue Sommernacht war, verging die Zeit rascher als erwartet.

Als aber die Dämmerung anbrach, stieß einer der Polizisten seine Wachgefährten an.

„Du! Schau doch einmal! Träume ich oder wache ich?"

Die drei anderen rieben sich den Schlaf aus den Augen und blickten auf den Baum.

Siebenundzwanzig Binsenbiers hingen, in Decken gehüllt, in den Zweigen.

Die Wachleute schnappten nach Luft, rückten ihre Koppel zurecht und eilten in den Garten.

In diesem Augenblick kam Leben in die siebenundzwanzig Binsenbiers.

„Fangt mich doch, fangt mich doch", riefen sie wild und heiter durcheinander, fielen von den Ästen und sprangen über den Zaun.

Die Polizisten hatten Mühe, auf der Straße zumindest einen der siebenundzwanzig Binsenbiers einzufangen und festzunehmen.

Der echte Herr Binsenbier stieg indes gähnend aus der Grube. Er wusch sich, rasierte sich und beschloß, eine Zeitlang besser nicht in die Stadt zu fahren. Den blauen Baum aber wollte er so rasch wie möglich umsägen und Stück für Stück verbrennen.

Zuvor aber säte er noch einmal alle Münzen, die er hatte, zu Füßen des Stammes aus.

Am nächsten Morgen schleppte er drei schwere Koffer mit

Geld in den Keller. Dann holte er die große Säge und sägte den Baum um.

Was mit dem falschen, dem eingefangenen Herrn Binsenbier geschehen ist, wollt ihr wissen?

Man hat ihn schon nach ein paar Tagen wieder freilassen müssen. Seither ist er ebenso verschollen wie seine sechsundzwanzig Brüder, die von den Ästen des Wunderbaumes gefallen waren.

BIRNEN SIND SELTSAME FRÜCHTE

An einem nebligen Vormittag läutete das Telefon im städtischen E-Werk. Oberwerkmeister Guckenscheck nahm den Hörer ab und hörte eine weibliche Stimme: „Lieber guter Mann, vor meinem Zimmer hängt eine Straßenlampe. Ich fürchte mich so sehr."

„Nun, weshalb fürchten Sie sich vor einer Straßenlampe?" fragte der Oberwerkmeister. „Die Lampe hängt doch schon eine geraume Weile vor Ihrem Fenster."

„Aber heute nacht war es in meinem Zimmer so finster", sagte die Frau. „Die Lampe hat nämlich nicht gebrannt."

„Ach so, die Lampe hat nicht gebrannt? Nun, dann ist sie vermutlich ausgefallen. Wir werden zu Ihnen fahren und die Glühbirne auswechseln. Sie brauchen mir nur zu sagen, wo Sie wohnen."

Die Dame am Telefon teilte dem Oberwerkmeister ihre Anschrift mit, und am Nachmittag desselben nebligen Tages fuhr ein Wagen des E-Werks in die Blindschuhstraße und hielt vor dem Haus Nr. 31. Eine Stahlblechleiter wurde ausgefahren, und Werkmeister Leopold Hirnschimmel stieg die Leiter hinauf, um die ausgebrannte Glühbirne gegen eine neue auszuwechseln.

Aus dem Fenster sah ihm eine Dame zu und nickte dankbar mit dem Kopf. Es war jene Dame, die am Vormittag angerufen hatte. Sie freute sich. Schon in der kommenden Nacht würde wieder der Schein der Straßenlampe in ihr Zimmer fallen, und sie würde sich nicht mehr so fürchten wie die Nacht zuvor.

Hirnschimmel hielt sich an der obersten Leitersprosse fest und schraubte mit der freien Hand die Glühbirne aus der Fassung.

In diesem Augenblick stutzte er. Das war doch eigenartig. Die Glühbirne fühlte sich überhaupt nicht so an, als wäre sie aus Glas. Ganz im Gegenteil, sie lag weich und fruchtig in seiner Hand, und ein unverwechselbarer Obstduft ging von ihr aus. Wie ist das möglich? fragte sich Werkmeister Hirnschimmel. Vor Monaten habe ich eine Glühbirne hier eingeschraubt, und nun hängt eine richtige, eine eßbare Birne in der Fassung, wie sie sonst nur auf Birnbäumen wächst.

Wieder und wieder hielt er die Birne gegen das schwache Licht des Himmels, der über dem Straßenschacht nebelmilchig graute. Dann konnte er nicht mehr widerstehen. Er biß in die Birne und kostete von ihr.

Das freilich hätte er nie und nimmer tun dürfen.

Während er noch die Leitersprossen hinabkletterte, ging in ihm eine seltsame Verwandlung vor. Sein Kopf veränderte sich von Sekunde zu Sekunde. Er wurde allmählich zu einer riesigen Glühbirne und zeigte weder Nase noch Mund noch Ohren noch Haar. Dafür aber strahlte er so heftig, daß einige der Fußgänger nach ihren Sonnenbrillen griffen und sie aufsetzten.

Oberwerkmeister Guckenscheck empfing Hirnschimmel nicht gerade freundlich, als dieser wieder auf der Erde stand.

„Da haben Sie sich ja etwas Schönes ausgedacht!" schrie er. „Was fällt Ihnen ein? Wissen Sie nicht, daß es verboten ist, im Dienst solchen Unfug zu treiben?"

Aber Hirnschimmel besaß ja keine Augen und Ohren mehr, und so verstand er nichts von all dem, was Guckenscheck sagte, und auch die wütenden Handbewegungen konnte er nicht sehen. Da sich aber sein Glühbirnenkopf allmählich mit Gas füllte und somit für ein menschliches Gehirn kein Platz mehr war, dachte er auch nicht mehr wie ein Mensch. Er fühlte nur noch undeutlich, daß aus seinem Körper einige Kabel trieben und daß an seiner Brust ein riesengroßer Schalter wuchs. Was weiter mit ihm geschah, wußte er nicht mehr.

Hirnschimmel achtete nicht auf das böse Gezänk des Oberwerkmeisters. Er eilte schnurstracks in das nächste Geschäft. Es war ein Lebensmittelgeschäft. Zum Entsetzen des Kaufmanns zog er ohne Umschweife den Stecker der Kaffeemühle aus der Steckdose und schloß sich selber an. Daraufhin begann er noch heller zu leuchten und zu strahlen als zuvor.

Hirnschimmel war stets ein ehrlicher Mann gewesen. So griff er denn in die Hosentasche, zog eine Geldbörse hervor und wollte den verbrauchten Strom bezahlen, nachdem er sein Kabel wieder aus der Steckdose gezogen hatte. Aber den Kaufmann überkam solche Angst, er könne beim Berühren des Geldes einen elektrischen Schlag bekommen, daß er abwehrend mit den Händen winkte und nur die Tür weit öffnete, damit die wandelnde Glühlampe ja rasch den Weg auf die Straße fände.

Sicher und gekonnt schritt Hirnschimmel die Straße entlang. Mit seinen Händen schaltete er an dem großen Schalter an seiner Brust, er schaltete Standlicht, Nebellicht oder Fernlicht ein, wie es sich gehörte, und so fand auch die herbeigerufene Polizei keinen Grund, ihn festzunehmen. Sie lenkte ihn bloß der Polizeizentrale zu, um von ihm dort Näheres über die seltsame Verwandlung seines Kopfes zu erfahren.

Aber sie erfuhr nichts. Hirnschimmel konnte nicht sprechen.

Er leuchtete nur stumm vor sich hin. So übergab man ihn schließlich wieder dem Oberwerkmeister Guckenscheck, der Hirnschimmel neben sich ins Auto setzte und mit ihm ins E-Werk fuhr.

Dort schien sich Hirnschimmel überaus wohl zu fühlen. Er ließ sich alle paar Stunden mit Strom speisen und leuchtete zufrieden in den Tag hinein.

Eine Woche später läutete wiederum das Telefon bei Oberwerkmeister Guckenscheck. Diesmal war der Bürgermeister am Apparat. „Unser Gemeinderat ist gestern abend zu einem Entschluß gekommen", sagte er. „Dieser Leopold Hirnschimmel ist Angestellter unserer Stadt. Also hat er auch für die Stadt zu arbeiten."

„Hirnschimmel kann nicht arbeiten", gab Guckenscheck zu bedenken. „Er hört nichts, er sieht nichts, er kann nicht sprechen. Er leuchtet nur vor sich hin. Sein Kopf ist zu einer riesigen Glühbirne geworden."

„Hirnschimmel kann für die Stadt arbeiten", sagte der Bürgermeister. „Er soll sich jeden Abend auf den Rathausturm stellen und Leuchtsignale für die Flugzeuge von sich geben."

Hirnschimmel schien keinen Einwand gegen diese neue Aufgabe zu haben. Jeden Abend brachte ihn Oberwerkmeister Guckenscheck zum Rathausturm. Bei Standlicht benützten sie den Lift, dann, auf seinem neuen Arbeitsplatz angelangt, leuchtete Hirnschimmel kräftig auf und strahlte weit über die Stadt hin.

Eines Nachts im November, als arge Kälte eingebrochen war, fühlte sich Hirnschimmel seltsam ermattet. Vielleicht war er gar krank geworden? Das wäre kein Wunder gewesen, mußte er doch Nacht für Nacht in fünfzig Meter Höhe stehen und war allen Unbilden der Witterung ausgesetzt.

Kurzerhand stieg Hirnschimmel von seinem Sockel, benützte bei Standlicht den Lift nach unten und betrat ein Lokal, um sich dort aufzuwärmen. Er schloß sich an die Steckdose an, wurde aber schon nach wenigen Minuten vom Wirt verjagt.

„Mir sind die Stromrechnungen so schon viel zu hoch", schimpfte der. „Und da kommen auch Sie noch daher und laden sich auf? Das ist unerhört."

Er drehte Hirnschimmel zur Tür, gab ihm einen Stoß, und der Ärmste torkelte zurück zum Lift. Er fuhr bei Standlicht hoch, stellte sich zitternd wieder auf seinen Platz und leuchtete.

Aber die Kälte hatte ihm schon zu sehr zugesetzt. Er leuchtete nur noch schwach. Ein Flugzeug streifte um ein Haar den Turm, und ein Hubschrauber landete aus Versehen auf einem Hausdach statt auf dem Flugplatz. In der Polizeizentrale schrillten die Telefone. Auch Oberwerkmeister Guckenscheck wurde mitten in der Nacht durch stürmisches Läuten an seiner Wohnungstür aus dem Schlaf gerissen.

„Hirnschimmel gibt zu wenig Licht", meldete aufgeregt ein Bote des Bürgermeisters. „Sie müssen ganz rasch etwas tun, bevor ein Unglück geschieht."

Guckenscheck sprang hastig in seine Kleider und folgte dem Boten. Noch während sie mit dem Lift der Spitze des Rathausturmes zufuhren, hörten sie einen harten, kurzen Knall. Sie traten auf die Plattform hinaus und suchten nach Hirnschimmel. Der saß inmitten einer Unzahl kleiner Scherben, zitterte am ganzen Leib und jammerte und klagte.

„Wo bin ich?" jammerte er. „Wo bin ich nur? Alles ist wie verhext. Ich weiß nicht, wo ich bin, dafür erfriere ich beinahe. O Himmel, ich friere ganz entsetzlich."

„Hirnschimmel", rief Guckenscheck erstaunt, „Sie haben ja wieder Ihren Kopf auf den Schultern!"

„Was heißt das, ich habe wieder meinen Kopf auf den

Schultern?" fragte Hirnschimmel entrüstet. „Was wollen Sie damit sagen?"

„Das hier war Ihr Kopf, noch vor wenigen Minuten", sagte Guckenscheck und zeigte auf die zahllosen Glassplitter.

„Ah, mein Kopf brummt, als wäre ich mit aller Wucht gegen eine Mauer gerannt", klagte Hirnschimmel. „Sagen Sie mir bitte, wo ich bin und wie ich nach Hause komme."

„Erinnern Sie sich denn an gar nichts?" fragte der Bote.

„Woran soll ich mich erinnern?" meinte Hirnschimmel.

Aber dann wurde er nachdenklich. „Ach ja. Ich habe doch eine Glühbirne ausgewechselt, gerade vorhin, in der Blindschuhstraße, nicht wahr? Wie komme ich denn plötzlich auf den Rathausturm?"

„Sie haben die Birne nicht nur ausgewechselt, Sie haben sie auch angebissen", sagte Guckenscheck vorwurfsvoll. „Aber nun kommen Sie endlich. Sonst holen Sie sich noch den Tod bei dieser Kälte."

Zähneklappernd fuhr Hirnschimmel mit dem Lift nach unten, diesmal ohne Standlicht. Er hatte ja keine Glühbirne mehr an Stelle des Kopfes. Und auch der Schalter an seiner Brust und die Kabel aus seinem Rücken waren verschwunden.

„Merkwürdig", sagte Hirnschimmel, „ich hätte schwören können, daß . . . aber wahrscheinlich habe ich doch Fieber."

„Jawohl, das haben Sie", bestätigte der Bote. „Wir bringen Sie heim und legen Sie ins Bett."

„Ich habe Durst", sagte Hirnschimmel.

„In der Zentrale steht ein Glas mit Birnenkompott", sagte der Bote. „Vielleicht möchten Sie ein wenig davon essen?"

„O nein, nur keine Birnen", entgegnete Hirnschimmel. „Birnen sind seltsame Früchte. Ich weiß zwar nicht, warum, aber Birnenkompott möchte ich heute auf gar keinen Fall essen."

DER PUDEL UND DER ZYLINDERHUT

In einer schönen mittelgroßen Stadt lebte ein ebenso schöner und mittelgroßer Mann, und dieser Mann trug den schönen Namen Serafin Plaus. Herr Plaus war Zauberkünstler von Beruf, und von diesem Beruf lebte er. Er hatte sich aus den Einnahmen seiner Künste ein schönes mittelgroßes Haus gebaut und führte darin mit seiner schönen und mittelgroßen Frau jeden Winter ein zufriedenes und abwechslungsreiches Leben.

Im Sommer jedoch ging Herr Plaus auf Reisen. Da trat er Abend für Abend in den Festsälen großer Städte auf und zeigte seine Kunststücke. Unentbehrlich war dabei für ihn sein Zylinder, ein großer schwarzer Hut. Aus ihm zog er lebende Kaninchen hervor und manchmal sogar einen Papagei oder ein paar Küken. Das gefiel den Zuschauern ganz außerordentlich, und sie klatschten und lachten, wenn Herr Plaus ein besonders schönes Tier aus dem Zylinder gezaubert hatte. Wenn auch andere Zauberkünstler in die Städte kamen, wenn auch sie mit ähnlichen Zylindern in der Hand auf die Bühne traten und gleichfalls Kaninchen und Papageien und sonstige Tiere daraus hervorzogen, so machte doch Herr Plaus seine Sache geschickter als alle anderen, und seine Tiere waren zweifellos die schönsten.

Eines Tages trat während der Pause einer Vorstellung ein

Mann in Herrn Plausens Garderobe und sagte: „Ihre Kunststücke in Ehren, Herr Plaus. Aber ich habe ein Tier mitgebracht, das Sie und Ihren Zylinder weit in den Schatten stellt."

Herr Plaus wurde unruhig. Ein Tier hatte der Mann mitgebracht? Ein besonders abgerichtetes Tier? Das war gefährlich. War es ein Jagdhund, so konnte er die Kaninchen im Zylinder erschnüffeln und den Zauberhut zerreißen. War es eine Katze, so würde sie die Papageien und die Küken suchen und mit ihren Krallen den schwarzen Hut beschädigen. Und außerdem konnte es geschehen, daß seine Zuschauer mehr Vergnügen an dem mitgebrachten Tier fanden, wenn es sich auf besondere Kunststücke verstand, als an ihm und seinem Zylinder.

„Ich würde Ihnen das Tier gern verkaufen", meinte der Herr. „Vielmehr, ich wäre bereit, es für Ihren Zylinder einzutauschen. Denn sehen Sie, es regnet draußen sehr stark, und ich möchte nicht ohne Kopfbedeckung nach Hause gehen."

„Das ist ein Verrückter", sagte Herr Plaus zu sich. „Ich muß vorsichtig sein, daß er mir kein Unheil zufügt." So wandte er sich an den Herrn und meinte: „Nun, mein Herr, zuerst müßte ich doch einmal wissen, um welch ein Tier es sich handelt und was an diesem Tier so Besonderes sein soll. Mein Zylinder ist ein überaus wertvolles Stück. Ich kann daraus Kaninchen und Papageien hervorziehen."

„Wenn Sie mir ihren Frack leihen", sagte der Mann, „so werde ich an Ihrer Statt auf die Bühne treten. Zusammen mit meinem Hund Schnurrpfote, dem singenden Pudel. Die Leute werden mich gewiß für Sie halten, denn wir sehen einander ziemlich ähnlich. Dann können Sie selber beobachten, welch ungeheuren Erfolg Sie jeden Abend haben könnten, wenn Sie Ihren Zylinder gegen meinen Pudel Schnurrpfote eintauschten."

„Das klingt in der Tat ungewöhnlich", sagte Herr Plaus. „Ich habe aber einen guten Ruf zu verlieren, wenn etwas schiefgeht. Ich kann nicht gut auf die Bühne treten und sagen: ‚Meine Damen und Herren, Sie sehen jetzt nicht mich, den Zauberer Plaus, sondern einen anderen Herrn Plaus mit einem Pudel, der Schnurrpfote heißt.'"

„Warum sollen Sie das nicht können? Die Leute wären begeistert. Endlich einmal eine Abwechslung, würden sie sagen. Nicht immer nur Kaninchen und Küken und Zylinder, das ist doch auf die Dauer langweilig."

Der Mann sprach so hastig auf Plaus ein, daß dieser schließlich einwilligte. „Also gut", sagte er. „Gehen wir in die Umkleidekabine. Tauschen wir unsere Anzüge. Sie bekommen meinen Frack, und ich ziehe inzwischen Ihren Zweireiher an."

Die beiden vertauschten also ihre Anzüge, und Herr Plaus setzte sich mit etwas gemischten Gefühlen auf einen freien Platz in der ersten Reihe vor der Bühne.

Dann begann der zweite Teil des Abendprogramms.

Der fremde Herr im Frack des Zauberers Plaus trat auf die Bühne. Die Leute klatschten heftig in die Hände. Sie winkten und jubelten ihm zu und bemerkten nicht, daß ein anderer Mann vor ihnen stand. Sie wunderten sich nur, daß Herr Plaus diesmal seinen Zylinder nicht mit auf die Bühne gebracht hatte.

Aber da! Statt des Zylinders hatte er etwas anderes bei sich. An einer Leine führte er einen schönen mittelgroßen Hund herein, einen Pudel, und die vielen Zuschauer im Saal riefen laut „Ah!" und „Oh!", denn sie liebten nicht nur Zauberer, sondern auch schöne und gepflegte Hunde.

Dem Pudel schmeichelte der Empfang. Er machte Männchen und verbeugte sich, worauf die Leute noch heftiger klatschten. „Dieser Plaus ist wirklich unübertroffen", sagte

eine Dame neben dem richtigen Herrn Plaus, und dieser fühlte sich dadurch gar nicht geschmeichelt.

„Ich habe Ihnen meinen Hund Schnurrpfote mitgebracht", begann der falsche Herr Plaus zu sprechen, und seine Stimme klang genau wie die des echten Herrn Plaus. „Schnurrpfote ist ein ganz besonderer Hund. Er ist ein Wunderhund. Er kann singen."

„Ah!" riefen die Leute, und „Oh!" riefen sie.

Der Herr setzte sich ans Klavier und schlug ein paar Töne an. Der Pudel setzte sich auf die Hinterbeine und sang mit laut vernehmlicher Stimme. „Hänschen klein ging allein..."

Die Leute rasten vor Begeisterung. So etwas hatten sie noch nie gesehen. Ein singender Pudel, das war noch nie dagewesen.

„Mein Pudel Schnurrpfote kann noch viel mehr", sagte der falsche Herr Plaus. „Er wird Ihnen jetzt ein Gedicht aufsagen."

Und wieder setzte sich der Pudel auf die Hinterbeine und sagte mit gut verständlicher, wenn auch etwas trockener Stimme ein Gedicht auf.

Die Leute waren kaum noch zu halten. „Das ist in der Tat ein Wundertier!" riefen sie. „Könnten wir bitte eine Locke von diesem Wundertier haben, Herr Plaus? Wir möchten ein Andenken an diesen Abend."

„Das geht leider nicht", erklärte der falsche Herr Plaus. „Schnurrpfote friert sehr leicht, man darf dem Hund keine Haare aus dem Fell schneiden." Der Pudel verbeugte sich artig und blickte mit klugen Augen auf seinen Herrn.

„Mein Pudel Schnurrpfote kann noch mehr", sagte der Herr. „Schnurrpfote kann nämlich auch jodeln. – Komm, Schnurrpfote, jodle einmal den Leuten etwas vor. Jodle, mein Süßer."

Der Pudel kratzte sich daraufhin mit der Vorderpfote hinterm linken Ohr und jodelte drauflos wie ein richtiger Tiroler.

„Ah!" riefen die Leute, und „Oh!" riefen sie. Sie waren ganz außer sich. Ein Hund, der sich aufs Jodeln verstand, war noch nie dagewesen.

Nun verschwand der Herr mit seinem Pudel wieder hinter der Bühne. Auch Herr Plaus beeilte sich, ins Künstlerzimmer zu gelangen.

„Nun?" fragte der Herr. „Sind Sie einverstanden, Herr Plaus? Tauschen wir? Geben Sie mir Ihren Zylinder, damit ich trockenen Hauptes nach Hause gehen kann, wenn ich Ihnen dafür meinen Pudel gebe?"

„Und Schnurrpfote würde auch auf meinen Befehl singen, Gedichte aufsagen und jodeln?" fragte Herr Plaus.

„Ganz gewiß. Schnurrpfote ist ein sehr gehorsames Tier."

„Ich will es gleich versuchen", sagte Herr Plaus. „Die Leute sind so außer sich vor Begeisterung, daß sie gewiß noch eine Zugabe sehen wollen. Tauschen wir rasch wieder unsere Anzüge, und dann gehe ich mit dem Pudel auf die Bühne."

„Einverstanden", sagte der Herr.

Die beiden Männer tauschten wiederum die Anzüge. Die Leute im Saal klatschten und schrien. Sie wollten unbedingt noch einmal den Pudel Schnurrpfote sehen. Und schon trat auch der richtige Herr Plaus mit Schnurrpfote vor den Vorhang. Niemand im Saal bemerkte, daß nun wieder der richtige Herr Plaus vor ihnen stand.

Der Pudel setzte sich auf die Hinterbeine und sang. Er setzte sich nochmals auf die Hinterbeine und sagte ein Gedicht auf. Dann setzte er sich ein drittes Mal auf die Hinterbeine, kratzte sich mit der Vorderpfote hinterm linken Ohr und jodelte wie ein Tiroler.

Herr Plaus war glücklich. Die Tricks mit dem Zylinder beherrschten andere Zauberer auch. Aber einen singenden Pudel hatte keiner von ihnen.

Plötzlich aber rief aus dem Publikum ein Spaßvogel auf die Bühne: „Herr Plaus, kann Ihr Wunderhund auch bellen?" Herr Plaus wurde nervös. „Natürlich kann Schnurrpfote auch bellen", sagte er. „Weshalb sollte er nicht bellen können? Alle Hunde können bellen."

„Dann soll er einmal bellen wie ein richtiger Hund", rief der Spaßvogel, und die Leute lachten mit und riefen zur Bühne hinauf: „Ja, er soll einmal bellen. Wir wollen hören, wie es klingt, wenn ein Wunderhund bellt."

Herr Plaus beugte sich zu Schnurrpfote hinab, streichelte den Pudel und sagte: „Hast du gehört, Schnurrpfote? Du sollst bellen. Nun tu den Leuten den Gefallen und belle."

Schnurrpfote sah Herrn Plaus mit einem kläglichen Blick an, dann schüttelte er den Kopf.

Die Leute begannen wieder zu lachen. Diesmal lachten sie schon etwas höhnisch. „Was? Nicht einmal bellen kann er? Das will ein Wunderhund sein?" riefen einige.

„So bell doch endlich", drängte Herr Plaus und kraulte Schnurrpfotes Kraushaar.

Aber der Pudel blieb stumm.

„So bell doch schon!" Herr Plaus wurde ungeduldig, weil die Leute immer lauter lachten und einige schon zu pfeifen begannen. „Bell schon endlich!" Und voll Wut versetzte er dem Tier mit der Schuhspitze einen leichten Tritt auf das linke Hinterbein.

Da knurrte der Wunderhund kurz und kräftig und biß Herrn Plaus in die Wade.

Herr Plaus schrie auf. Nein, er schrie nicht. Er bellte. Ja, er bellte plötzlich und kläffte wie ein Hund und rannte hinter die Bühne.

Die Leute im Saal rasten vor Begeisterung.

Schnurrpfote aber verbeugte sich, trat ans Klavier und spielte ein kleines Musikstück. Dann verbeugte er sich nochmals und tänzelte hinter die Bühne.

„Ihr Hund hat mich gebissen", heulte Herr Plaus im Künstlerzimmer. „Nie und nimmer tausche ich dieses heimtückische Vieh gegen meinen Zylinder. Keines meiner Kaninchen hat mich je gebissen, und schon gar nicht der Papagei oder die drei Küken, die ich aus dem Hut ziehe. Behalten Sie Ihren gräßlichen Pudel für sich!"

„Schade", sagte der Mann, dem Schnurrpfote gehörte. „Ich hätte so gern Ihren Zylinder gehabt. Aber" – er blickte zum Fenster hinaus – „es hat zu regnen aufgehört. Ich werde auch ohne Hut trockenen Hauptes nach Hause kommen."

Dies sprach er, nahm Schnurrpfote an die Leine und verschwand durch den Bühnenausgang.

Herr Plaus griff vorsichtig in den Zylinder, zog den Papagei und zwei Kaninchen hervor – er wollte nachsehen, ob ihm der Hut nicht etwa vertauscht worden war – und verließ darauf ebenfalls den schönen mittelgroßen Saal in der schönen mittelgroßen Stadt, in der er eben zu Gast war.

Ehe er in sein Hotelzimmer zurückkehrte, fuhr er noch ins Krankenhaus, um den Hundebiß in der Wade versorgen zu lassen.

„Was für ein Tier hat Sie denn da gebissen?" fragte der Arzt und pinselte die Wunde aus, ehe er sie verband.

„Es war ein singender, sprechender und klavierspielender Pudel", sagte Herr Plaus.

„Aha", meinte der Arzt nur. Aber dann gab er Herrn Plaus noch eine zweite mittelgroße Spritze. Denn, so meinte er, manchmal werden manche Leute doch ein wenig verrückt, wenn ein Hund sie gebissen hat. Dagegen muß man etwas tun.

DAS BAROMETERHAUS

Ihr wißt doch, was ein Barometer ist, nicht wahr?

So ein Barometer hängt in vielen Häusern; vielleicht ist auch in eurer Wohnung eines. Es mißt den Luftdruck, der uns umgibt. Bei hohem Luftdruck steht das Barometer auf Hoch, und das bedeutet, daß schönes Wetter zu erwarten ist. Steht das Barometer auf Tief, dann gibt es Regen. Und steht es sehr tief, so drohen Sturm, Gewitter und Hagelschlag.

Aber nicht von solch einem Barometer in einem Haus will ich erzählen. O nein. Da gäbe es kaum viel zu berichten. Es hängt ja nur an der Wand, es schlägt nicht wie eine Uhr, es läutet nicht wie eine Glocke, und nur hin und wieder bewegt sich der Zeiger hinterm Glas, so langsam, daß man seine Bewegung gar nicht sehen kann. Ich will vielmehr von einem Barometerhaus erzählen, das irgendwo in der Gemeinde Krappeldorf am Krappeldorfer See stand. Von einem überaus merkwürdigen Haus, wie es gewiß kein zweites mehr geben wird.

In einer großen Stadt wohnte Herr Rabenschwert mit seiner Familie. Zu dieser Familie zählte Frau Rabenschwert sowie die Kinder Dagobert und Kunigunde Rabenschwert. Herr Rabenschwert las mit Eifer schaurige Ritterromane, und Dagobert und Kunigunde hielt er für besonders schöne Namen, weil sie häufig in schaurigen Ritterromanen vorkamen.

Die Rabenschwerts fuhren Jahr für Jahr in Urlaub. Immer, wenn die Sommerferien nahten, setzte sich Herr Rabenschwert probeweise hinter das Lenkrad seines Autos und sagte: „Nun, mein feuriges Roß Rosinante Sonnenstich" – so nannte er seinen Wagen – „nun fahren wir in den Süden. Auf zum Turnier!"

Freilich, vor der tatsächlichen Abfahrt stand noch das Pakken der Koffer, das Verstauen allerlei Gerümpels in den Gepäckräumen, die viel zu klein waren. Sodann wurden die beiden Kinder auf die Rücksitze gesetzt, wo sie sich mühsam zwischen Schachteln, Taschen und Koffern eine Mulde gruben, und Herr und Frau Rabenschwert, die auf den Vordersitzen Platz nahmen, legten die Sicherheitsgurte an. Dann erst konnte die Fahrt in den Süden angetreten werden. Im allgemeinen begann die Fahrt jetzt noch immer nicht richtig, denn meistens mußte Herr Rabenschwert nach wenigen Kilometern nochmals umkehren, weil Frau Rabenschwert vergessen hatte, den Gashahn abzudrehen oder die Wohnungstür zuzusperren.

Aber genug von den Unzulänglichkeiten, die sich während der Reise begaben. In diesem Jahr, in dem unsere Geschichte spielt, hatten die Rabenschwerts einen Bungalow gemietet. Ein kleines Häuschen am Krappeldorfer See, wo sie drei Wochen erholsamen Urlaubs zubringen wollten.

Sie waren einigermaßen verwundert, als der Obmann der Kurverwaltung mit einigem Mißtrauen durch das Bürofenster sah, den Himmel beobachtete und dann meinte: „Soso, das Haus Nr. 13 haben Sie gemietet? Das ist aber sehr merkwürdig. Dieses Haus hat nämlich seine Tücken, mein Herr."

„Und worin bestehen diese Tücken?" fragte Herr Rabenschwert, dem es gar nicht recht war, schon beim Eintreffen in seinem Urlaubsort derlei zu vernehmen. Er war, wie die übrigen Mitglieder seiner Familie, müde von der Reise und sehnte sich nach einem guten Bett. „Regnet es durchs Dach? Liegt das Wasser außerhalb des Hauses? Hat man die Einrichtung fortgetragen? Oder ist es vielleicht gar ausgebrannt?"

„Nichts von alledem", sagte der Obmann, er hörte auf den schönen Namen Strauchkegel. „Das Dach ist fest, die Betten sind weich, Wasseranschlüsse sind in jedem Zimmer, und ein Schadenfeuer gab es in unserer Gemeinde noch nie, seit wir die neue Feuerwehr gegründet haben. Übrigens sehr zum Leidwesen der vielen Feuerwehrmänner, die manchmal gern ein wenig löschen würden. Aber das interessiert Sie wohl nicht."

„Nein, es interessiert mich wirklich nicht", sagte Herr Rabenschwert. „Ich habe das Haus Nr. 13 gemietet, weil kein anderes mehr frei war. Wie man mir sagte, ist das Haus Nr. 13 ebenso gebaut wie all die anderen Bungalows."

„Es ist so gebaut, nach außen hin", sagte Strauchkegel und blickte etwas betreten drein. „Und heute werden Sie gewiß keine Unannehmlichkeiten in dem Gebäude verspüren. Hier sind die Schlüssel, mein Herr. Ich wünsche Ihnen eine gute Nacht."

So zog die Familie Rabenschwert in den Bungalow Nr. 13 ein, der sich in nichts von all den vielen anderen Bungalows rechts und links der Straße unterschied.

„Gute Nacht", sagte Herr Rabenschwert, nachdem alle Koffer, Schachteln, Töpfe, Blumenkistchen, Briefmarkensammlungen und Kleider ins Haus getragen, die Betten aufgeschlagen, die Nachtkleider angezogen, Hände und Gesicht gewaschen und die Zähne geputzt waren. „Gute Nacht."

„Gute Nacht", sagte Frau Rabenschwert.

„Gute Nacht", sagten Dagobert und Kunigunde.

Am nächsten Morgen erwachte die Familie. Alle waren ausgeschlafen und sprangen wie auf Kommando aus den Betten.

„Das ist doch merkwürdig", sagte Herr Rabenschwert. „Mir scheint, als wäre das Zimmer heute viel höher als gestern. Die Decke, die ist ja entsetzlich weit oben. Ich kann sie nicht einmal erreichen, wenn ich mich auf den Tisch stelle und einen Besen in die Hand nehme. Das ist doch geradezu ungeheuerlich. Wie kann man heutzutage nur so hohe Zimmer bauen?"

„In der Tat", sagte Frau Rabenschwert. „Die Decke ist so hoch, als hätte man vergessen, in der Mitte noch ein Stockwerk einzuziehen."

„Ist das da oben eine Fliege oder eine Spinne?" fragte Dagobert und holte den Feldstecher. „Ach nein, es ist ein dunkler Fleck im Verputz. Wie sonderbar!"

Frau Rabenschwert hielt nicht viel von langen Überlegungen. „Ich werde jetzt in die Küche hinuntergehen und das Frühstück zubereiten", sagte sie.

Sie öffnete die Tür zum Gang und lief die Treppe ins Erdgeschoß hinunter.

„Das ist aber eine lange Stiege", sagte sie zu sich. „Jetzt laufe ich eine gute Minute, und noch immer bin ich nicht in der Küche angelangt. Merkwürdig. Gestern schien mir das alles nicht so weit zu sein. Wir haben doch das viele Gepäck in den ersten Stock geschleppt."

Kopfschüttelnd begann sie, das Frühstück zuzubereiten. Dann stellte sie Kaffeekanne, Brot und Butter auf ein Tablett und machte sich auf den Rückweg.

Sie kletterte fast eine Viertelstunde die Stiege empor, bis sie wieder in die Schlafräume im ersten Stock gelangt war.

„Das ist ein sehr merkwürdiges Haus", sagte sie zu Herrn Rabenschwert und zu den Kindern, die sich eben ankleideten. „Die Stiege . . ." – sie keuchte – „die Stiege scheint in den obersten Stock eines Hochhauses zu führen."

Noch während sie sprach, trat Herr Rabenschwert ans Fenster. Und da spürte er ein beklemmendes Gefühl im Magen.

Er sah auf die Straße hinunter. „Das ist ja ... das ist ja, als säße ich in einem Segelflugzeug", stotterte er.

Spielzeugautos schienen das Gebäude zu umkreisen, eine Menschenmenge gaffte zu ihm empor, man winkte und schrie, aber das Fenster lag so hoch, fast in der Nähe der Wolken, daß man nichts von dem verstehen konnte, was unten gerufen wurde.

„Das Fernglas", keuchte er. „Schnell, Dagobert! Gib mir das Fernglas!" Damit blickte er hinunter auf die Straße. Inmitten der zahlreichen Leute erkannte er Herrn Strauchkegel.

Bleich, aber gefaßt trat Rabenschwert vor die Seinen. „Wir müssen uns retten", flüsterte er. „Wir befinden uns in einem hundert Meter hohen Gebäude. Bitte verfallt nicht in Panik. Wir beginnen sofort mit dem Abstieg. Rabenschwerts, seid vorsichtig."

Die vier begaben sich auf die Treppe, und mit jeder Stufe, die sie tiefer stiegen, wurde ihnen leichter und sicherer ums Herz.

Als sie endlich auf der Straße standen, starrten sie an den hohen Wänden des Bungalows empor. Sie hatten einen Wolkenkratzer vor sich, allerdings einen, der nur zwei Reihen Fenster trug, die des Erdgeschosses und die des ersten Stocks.

Rabenschwert stürmte auf Strauchkegel zu. „Was soll der Unfug?" fauchte er den Obmann der Kurverwaltung an. „Was haben Sie mit dem Haus angestellt? Das ist mir ein feiner Urlaubsort! Sie dehnen das Haus über Nacht, sie schieben es in die Höhe, und das gleich um fünfzig oder hundert Meter!"

„Weiß der Kuckuck", jammerte Strauchkegel. „Ich habe es

mir gleich gedacht, als ich heute früh aufs Barometer schaute."

„Aufs Barometer? Mann, Sie sind wohl betrunken? Und das schon am frühen Morgen!"

„Aber nicht doch, mein Herr. Wo denken Sie hin. Ich rühre keinen Tropfen Alkohol an, ich schwöre es. Nicht einmal Medizinen schlucke ich, die nach Alkohol schmecken. Ich kann wirklich nichts dafür. Dieses Haus, die Nr. 13, ich sagte es doch schon . . ."

„Was sagten Sie?"

„Ich sagte doch schon, daß Sie darin vielleicht Scherereien bekommen könnten."

„Schöne Scherereien! Einen Wolkenkratzer ohne Lift haben Sie mir angedreht! Ich sterbe vor Wut! Was ist da geschehen heute nacht?"

„Das Haus ist ein Barometerhaus", ächzte Strauchkegel.

„Ein Barometerhaus? Was soll das nun wieder heißen?"

„Das ist etwas, was noch niemand erklären konnte. Auch nicht die gescheitesten Professoren, die das Haus untersucht haben. Im allgemeinen steht es ganz normal da wie all die anderen Häuser ringsum. Ein einfacher Bungalow unter fünfzig anderen. Aber wehe, wenn der Luftdruck plötzlich steigt! Wehe, wenn er eine Grenzmarke überschreitet! Dann ist es aus und geschehen. Dann kann das Haus nicht mehr an sich halten."

„Es kann nicht mehr an sich halten? Was soll das heißen?"

„Es beginnt zu wachsen. Es wächst mit dem hohen Luftdruck. Je höher der Luftdruck wird, desto höher wird auch das Haus. Und da – sehen Sie nur, ich habe Ihnen mein Barometer mitgebracht, sehen Sie nur! Dieser Barometerstand! 912 Millimeter! Das hat es seit siebenundzwanzig Jahren nicht mehr gegeben. Ein Hoch, wie es in den schönsten Wetterberichten nicht vorkommt, liegt gerade über unserem Dorf."

„Na und?" Rabenschwert begriff noch immer nicht. „Was soll das alles?"

„Erst wenn der Luftdruck wieder sinkt, dann sackt auch das Haus wieder zusammen", erläuterte Strauchkegel. „Ich habe Ihnen ja gesagt, daß das Haus seine Tücken hat. Sie haben mir nicht glauben wollen. Ein schadhaftes Dach, sagten Sie. Pah! Dagegen läßt sich etwas machen. Aber wie wollen Sie dem Luftdruck beikommen?"

Sprachlos blieben die Rabenschwerts vor dem Wolkenkratzer stehen. Die Leute verliefen sich. Die Sensation verlor an Wert.

„Das hat uns gerade noch gefehlt", sagte Rabenschwert. Aber während er noch überlegte, wie er am wirkungsvollsten in Wut ausbrechen sollte, um die Aufmerksamkeit der Vorübergehenden auf sich zu lenken, begann das Haus allmählich zu schrumpfen.

Bald darauf kam Strauchkegel wieder des Wegs, nun glücklich lächelnd. „Das Barometer fällt", sagte er. „Ich dachte es gleich. Solch einen Barometerstand gibt es nur einmal in hundert Jahren. Und wenn das Hoch die Grenzmarke nicht überschreitet, dann rührt sich auch das Haus nicht in die Höhe."

„Schön und gut", sagte Rabenschwert. „Immerhin haben wir einen leidlichen Schrecken davongetragen."

„Sie können wieder ins obere Stockwerk gehen", sagte Strauchkegel. „Das Haus hat fast wieder die normale Größe."

Tatsächlich, schon war das Haus nur noch zwei oder drei Meter höher als die Nachbarbungalows.

Die Rabenschwerts, die großen Hunger verspürten, gingen in das gemietete Haus zurück und verzehrten ihr Frühstück. Sie hörten nicht, was Strauchkegel noch im Weggehen flüsterte. „Beten Sie zu Gott", hatte er geflüstert, „daß Sie nicht einmal einen Föhntag erleben, bei dem das Barometer auf

Sturmtief steht. Das wäre fatal für Sie, teure Rabenschwerts."

Die Tage vergingen, der Luftdruck verhielt sich einigermaßen normal, die Rabenschwerts hatten den unangenehmen Vorfall des ersten Morgens in Krappeldorf schon fast vergessen.

In der zweiten Woche ihres Aufenthalts jedoch geschah es, daß sie wieder einmal wie auf Kommando in der Frühe aus den Betten springen wollten. Alle vier stießen mit voller Wucht gegen die Zimmerdecke.

„Au weh!" schrie Herr Rabenschwert. „Was soll der Unfug?"

„Au weh!" schrie auch Frau Rabenschwert.

„Au weh, au weh!" krähten Dagobert und Kunigunde.

Zu ihrem Schrecken bemerkten sie, daß die Zimmerdecke kaum einen Meter über ihren Betten hing.

„Das ist ja eine schöne Bescherung", klagte Frau Rabenschwert. „Wie soll ich da in die Küche hinunterkommen, um
das Frühstück zuzubereiten?"

Sie öffnete die Zimmertür und glitt auf dem Bauch die
Treppe ins Erdgeschoß hinab.

Es sollte indes nicht mehr dazu kommen, daß sie den Kaffee
und die Butterbrote ins Obergeschoß tragen konnte. Als sie
nämlich die Nase schnuppernd über den Honigbecher hielt,
welcher auf dem Tablett stand, gab es einen Ruck, und nun
war Frau Rabenschwerts Kopf zwischen Tisch und Zimmerdecke eingeklemmt. Sie begann jämmerlich um Hilfe zu
schreien. Sie hörte, wie im oberen Stockwerk Herr Rabenschwert sich aus dem Bett wälzte und zu ihr in die Küche her-
untergekrochen kam.

Inzwischen drückte die Decke weiter nach unten, die Fen-

ster waren zu Schlitzen geworden, durch die Türen konnte man gerade noch die Zehen ins Freie stecken.

„Wir werden noch erdrückt", jammerte Frau Rabenschwert. „Wir werden erdrückt. Das ist doch nicht zu glauben!"

Von draußen hörten sie die wohlvertraute Stimme Strauchkegels. „Nur Mut", sagte Strauchkegel. „Nur Mut. Es wird Ihnen nichts geschehen, wenn Sie sich flach auf den Boden legen. Wir haben heute einen Föhneinbruch zu verzeichnen, wie er seit siebenundzwanzig Jahren nicht mehr vorgekommen ist. Der Luftdruck ist auf 517 Millimeter gesunken. Und wenn der Luftdruck eine Grenzmarke unterschreitet, dann beginnt das Haus zusammenzuschrumpfen. Es ist eben ein Barometerhaus. Ich habe Sie gewarnt, mir dürfen Sie keinen Vorwurf machen. Für Sie war ja nur wichtig, daß das Dach kein Loch hätte und fließendes Wasser in den Räumen wäre. Das haben Sie davon."

„Ich flehe Sie an", ächzte Herr Rabenschwert, „rufen Sie bei der Wetterwarte an und fragen Sie, wie lange der Föhn noch anhält."

Strauchkegel machte sich auf den Weg in sein Büro und rief die Wetterwarte an.

„Das kann noch Stunden dauern, vielleicht auch noch Tage", sagte der diensthabende Wetterwart.

„Wir haben hier nämlich ein Barometerhaus", erklärte Strauchkegel. „Da liegen vier Menschen drin, die können sich kaum noch bewegen. Wir brauchen dringend einen höheren Luftdruck. Das Haus ist sehr zusammengeschrumpft, kein Wunder, bei 517 Millimeter."

Der Mann in der Wetterwarte wurde ordentlich böse. „Ich habe anderes zu tun, als mir Ihre albernen Scherze anzuhören", sagte er und warf den Hörer auf die Gabel.

Um den Bungalow Nr. 13, der kaum einen Meter an Höhe maß, hatte sich wieder allerhand neugieriges Volk versammelt. Man lachte, die Eingeschlossenen jammerten, und alle waren durchaus der Ansicht, daß etwas geschehen müßte. Aber niemand konnte einen vernünftigen Vorschlag machen.

Erst gegen Mittag, als das Barometer immer noch sank, traf ein Ballonfahrer ein, der von dem seltsamen Mißgeschick gehört hatte. Ihn verwunderte das Barometerhaus keineswegs. Im Gegenteil. Als Ballonfahrer wußte er um die Tücken der Luft und des Luftdrucks. So schritt er zur Tat.

„Sie haben doch eine Feuerwehr im Ort", sagte er.

„O ja", rief Strauchkegel. „Aber sie durfte noch nie einen Brand löschen, seit sie gegründet wurde. Und das ist ein Grund großer Betrübnis für viele."

„Ich muß Sie enttäuschen", sagte der Ballonfahrer. „Zu löschen gibt es auch heute nichts."

„Oh, das wird die Männer aber sehr enttäuschen", sagte Strauchkegel. „Doch immerhin, ich lasse die Sirene laufen, das hören sie wahnsinnig gern."

Die Sirene ertönte, die Feuerwehrmänner warfen sich in ihre schmucken Uniformen und fuhren zu dem Barometerhaus.

„Wir werden künstlich einen höheren Luftdruck erzeugen", sagte der Ballonfahrer. „Hier liegt die Hülle meines Ballons. Die stülpen Sie jetzt über das Haus. Und dann blasen Sie mit Ihren Schläuchen . . ."

„Ich suche schon den nächsten Wasseranschluß!" rief der Kommandant voll Eifer.

„Nein! Kein Wasser! Sie blasen einfach Luft unter die Ballonhaut."

„Ach so, kein Wasser", sagte der Kommandant enttäuscht. „Also schön. Wir blasen nur Luft unter die Ballonhülle."

Der Ballon wurde über das Haus gestülpt, dann wurde Luft hineingeblasen. Strauchkegel hatte sein Barometer mitgebracht. Der Luftdruck unter der Ballonhülle stieg.

Bald schon konnten die vier Rabenschwerts, zwar noch immer jammernd, doch heil und unversehrt, den Bungalow verlassen.

„Ich werde Sie verklagen!" schrie Herr Rabenschwert. „Das war der schlimmste Urlaub, den ich je erlebt habe!"

„Sie wollten doch nur wissen, ob das Dach..." sagte Strauchkegel. Aber er konnte den Satz nicht vollenden. Denn plötzlich erhob sich der Ballon samt dem Haus und dem Ballonfahrer in die Luft.

„Meine Kleider!" schrie Frau Rabenschwert.

„Mein Feldstecher!" rief Herr Rabenschwert.

„Mein Briefmarkenalbum!" jammerte Dagobert.

„Meine Puppe", weinte Kunigunde.

Herr Strauchkegel sprach begütigend auf die Familie ein. „Unsere Kurverwaltung wird Ihnen alles ersetzen", sagte er. „Ich werde auch dafür sorgen, daß Sie eine andere Unterkunft erhalten. Es ist im Augenblick zwar nur das Thermometerhaus frei, und da kann es leider einige Unannehmlichkeiten geben, wenn die Temperatur einen gewissen Grenzwert übersteigt..."

„Danke", sagte Herr Rabenschwert entsetzt. „Danke, ich verzichte darauf. Kommt, Rabenschwerts. Wir packen unsere Koffer."

„Aber die sind doch davongeflogen", jammerte seine Frau.

„Richtig. Die sind davongeflogen. Wir haben nichts zu pakken. Macht nichts. Los, Rosinante Sonnenstich! Auf zum Turnier! Wir fahren heimwärts!"

Er schwang sich hinter das Steuer seines Wagens. Dagobert und Kunigunde hatten zum erstenmal in ihrem Leben genügend Platz auf den Rücksitzen. Die Sicherheitsgurte wurden angelegt, der Wagen gestartet, und die Rabenschwerts fuhren heimwärts.

„Sie haben mir die Miete für den Bungalow nicht bezahlt!" Strauchkegel rang die Hände. „Naja, aber wenn ich bedenke, was von ihnen alles mit dem Ballon davongeflogen ist ... Wo das Barometerhaus nur sein mag? Ich hoffe, ich hoffe, ich hoffe, daß man es nie mehr finden wird."

DIE QUELLEN IM WIRTSHAUS

In einem Dorf am Fuß eines mächtigen Gebirgsstocks lebte ein Wirt, der es mit der Ehrlichkeit nicht sonderlich genau nahm. Nein, er betrog seine Gäste nicht, indem er ihnen zuviel aufrechnete oder ihnen heimlich Geldscheine aus der Tasche zog. Aber er hatte die Angewohnheit, jeden zweiten Tag einen Kübel frischen Wassers in das große Weinfaß zu gießen, so daß der Wein dünner und wäßriger wurde, je öfter man den Faßspund öffnete.

Eines Tages kehrte bei dem Wirt ein Gast ein, der sich von allen anderen Gästen auffällig unterschied. Seine Haut war dunkel und sein Blick fast stechend. Etwas Geheimnisvolles ging von seiner Art zu reden und sich zu bewegen aus.

„Sei vorsichtig bei diesem neuen Gast", sagte die Frau des Gastwirts. „Mir ist nicht wohl, wenn ich den Menschen ansehe."

„Hauptsache ist, er hat Geld", sagte der Wirt. „Und er hat Geld. Dafür habe ich einen sechsten Sinn."

Der Mann hatte wirklich Geld in Hülle und Fülle. Er aß und trank nur vom Besten. Dennoch scheute sich der Wirt nicht, auch ihm Wein aus einem Faß vorzusetzen, das eigentlich schon vor drei Wochen hätte leer sein müssen.

Der seltsame Gast merkte sehr wohl, daß der Wein arg gepanscht und verwässert war. Aber er beklagte sich nicht darüber. Er murmelte nur ein paar unverständliche Sprüche, daß es der Wirtin eine Gänsehaut nach der anderen über den Rücken jagte, verlangte die Zimmerrechnung, bezahlte und reiste ab.

Dem Wirt fiel nach einiger Zeit auf, daß er häufig nasse Füße hatte. Das konnte er sich lange nicht erklären. Auch der Fußboden in seiner Gaststube war nun häufig naß, und dieser Zustand wurde sogar von Woche zu Woche ärger.

Der Wirt ließ den Tischler kommen und ein paar Bodenbretter aufreißen. Aber unter den Bohlen war alles strohtrocken. Auch der Tischler konnte nicht erklären, woher das Wasser kam.

Eines Tages fiel dem Wirt auf, daß immer dann Wasser aus dem Boden quoll, wenn er auf ein Astloch trat. Diese Entdeckung war freilich nicht mehr schwer zu machen, denn nun sprang das Wasser schon in spannenhohen Strahlen aus dem Boden.

Die merkwürdigen Wasserspiele in der Stube des Wirts sprachen sich bald herum, und so erhielt der Wirt manchen Besuch aus der nahen Stadt. Aber darauf legte er nur wenig Wert. Er ließ den Bretterboden entfernen und verlegte einen dicken Spannteppich auf fester Betongrundlage. Damit war der nasse Boden ein für allemal verschwunden, und auch nasse Füße hatte der Wirt nicht mehr zu fürchten.

Ein paar Monate später war Hochzeit im Dorf. Der Hochzeitsschmaus sollte in der Wirtsstube des panschenden Wirtes stattfinden. Nach der Trauung setzten sich die Hochzeitsgäste erwartungsvoll an die Tische und begannen alsbald zu tafeln und zu trinken und ließen das Brautpaar hochleben.

Es waren ein paar Musikanten gekommen, um dem Brautpaar aufzuspielen. Da erinnerte sich der Wirt, daß er ja auch einmal die Harfe geschlagen hatte, und zwar gar nicht übel.

„Laß mich einmal an die Harfe", bat er den Harfenspieler. „Ich will versuchen, ob ich noch eine Polka zustande bringe."

Der Harfenspieler war froh, daß er eine Pause einlegen konnte, und überließ dem Wirt sein Instrument.

„Oho, da schaut her! Der Herr Wirt gibt etwas zum besten!" riefen die Hochzeitsgäste und unterbrachen ihre Gespräche.

Der Wirt zog die Harfe an sich und drückte mit dem Fuß auf eines der Pedale.

Im selben Augenblick schoß ihm aus den Saiten der Harfe armdick das Wasser entgegen. Die Gesellschaft klatschte Beifall. Sie hielt den Wassersturz für einen kunstvollen Trick. Dem Wirt freilich stand beinahe das Herz still. Böse Erinnerungen tauchten in ihm auf, er dachte an die nassen Füße und an den nassen Boden, den er ein für allemal beseitigt glaubte.

„Du lieber Himmel!" sagte er zu sich. „Wenn man ein Übel zurückdämmt, so bricht es plötzlich um so ärger hervor. Das sehe ich nun ein."

Er sprang auf und trat ans Klavier. Als er mit dem Fuß ein Pedal berührte, quoll und schwoll das Wasser auch hier in gewaltigen Stürzen aus dem Innern und sprudelte und nahm kein Ende. Die Flut ergoß sich schon bis zu den Tischen der Hochzeitsgäste. Als diese die Füße hochheben mußten, um nicht naß zu werden, verlangten sie lautstark, daß der Scherz ein Ende haben müsse; der Herr Wirt möge den Wasserguß endlich abstellen. Aber der Wirt wußte nicht, wie er den Fluß wieder eindämmen sollte. Erst als er, mehr zufällig als beabsichtigt, auf das zweite Pedal des Klaviers trat, versiegte der Strom. Und als er auf ein zweites Pedal der Harfe trat, hörte auch dort das Wasser zu strömen auf. Die Hochzeitsgesellschaft hatte sich freilich schon schimpfend aus dem Staub, besser gesagt, aus dem Wasser gemacht und schwor sich

auf dem Nachhauseweg, nie wieder jenes Gasthaus zu betreten, wo fröhlichen Gästen so übel mitgespielt wurde.

Seit jenem Tag war das Los des Wirts mehr als beklagenswert. Jedes Astloch, jeder Hebel, sogar jede kreisförmige Maserung im Stein konnte zum rauschenden Quell werden, sobald er mit dem Fuß darauftrat, und es war sehr schwierig, ein zweites Astloch, einen anderen Hebel oder einen ähnlichen Kreis in der Maserung zu finden, die den Wassersturz wieder beendeten. Besonders schlimm wurde es, als die unheimlichen Wasserstürze auch im Auto des Wirts aufzutreten begannen. Hier war es das Bremspedal, das jeweils den Wasserfluß auslöste. Der Wirt wagte nur noch im Schritt zu fahren, denn sooft er auf die Bremse treten mußte, überfiel ihn aus dem Rückspiegel und der Deckenlampe eine kalte Dusche, daß ihm der Atem stockte. Und sie endete erst dann, wenn er wieder aufs Gaspedal trat.

„Ach ja", sagte er in stillen Stunden, zumal in der Nacht, zu sich. „Das ist der Fluch dafür, daß ich immer Wasser in den Wein gegossen habe. Wüßte ich nur, wo ich den unheimlichen Gast finden könnte, der mir dieses Unheil an den Hals gemurmelt hat. Ganz bestimmt war es der Gast mit der dunklen Haut und dem stechenden Blick. Meine gute Frau hat mich ja damals gewarnt, aber ich wollte nicht auf sie hören. Nun ja, vielleicht kehrt der Mann eines Tages wieder zurück, dann werde ich ihn bitten, das Wasserübel von mir zu nehmen."

Inzwischen beschloß er bußfertig, etwas für die Allgemeinheit zu tun. Er wurde Mitglied der Freiwilligen Feuerwehr des Dorfes. Wann immer es brannte, war er als erster zur Stelle. In seinem Dorf und in den Nachbardörfern wußte man schon, daß es nicht mehr nötig war, mit Löschwagen auszufahren, Schläuche auszulegen und die Motorpumpe anzuwerfen. Der Wirt eilte in die Nähe des Feuers, suchte nach

Pedalen, Astlöchern und wurmstichigen Stellen und trat auf sie. Es dauerte nie lange, bis Wasser aus den fündigen Punkten quoll. Dann machte sich der Wirt alsogleich wieder auf die Suche nach einem anderen Astloch, nach einer anderen wurmstichigen Stelle, die die Flut wieder stillte. Und wenn er Glück hatte, fand er auch eine solche, noch ehe die Möbel aus den Fenstern des längst gelöschten Hauses schwammen.

Eines Tages lief der Wirt in den Keller, um dort etwas Speck zu holen. Vor der letzten Kellerstufe war eine Maserung, aus der das Wasser besonders heftig quoll, sooft er darauftrat, und die Gegenmaserung befand sich ganz zuoberst auf dem Dachboden. Er hütete sich also tunlichst, auf diese Maserung im Stein zu treten.

An jenem Tag freilich dachte der Wirt nicht daran, und schon war er auf die gefährliche Stelle getreten.

Aber siehe da! Kein Wasser quoll aus dem Boden. Vorsichtig trat der Wirt noch einmal auf die Maserung.

Sie blieb trocken.

Zitternd vor Erregung rannte der Wirt nach oben, ohne den Speck mitgenommen zu haben.

Da saß an einem der Tische der unheimliche Gast mit der dunklen Haut und dem stechenden Blick.

„Ich gieße keinen Tropfen Wasser mehr in den Wein", sagte der Wirt und blickte den Fremden bittend an.

Der Gast lächelte. „Ich hoffe, die Quellen in Ihrem Haus waren für Sie eine Lehre", sagte er.

„Ganz bestimmt, o ja, ganz bestimmt. Aber was soll ich tun, daß mir kein Wasser mehr aus den Astlöchern entgegenströmt?"

„Nichts brauchen Sie zu tun", sagte der Fremde. Er wandte sich schon zum Gehen. Aber dann drehte er sich noch einmal um. „Ach ja, Sie müssen doch etwas tun. Gehen Sie zum Kommandanten Ihrer Feuerwehr und sagen Sie ihm, er solle sich neue Schläuche anschaffen. Die alten sind nicht mehr zu gebrauchen."

„Das werde ich tun, ja, das werde ich tun", sagte der Wirt strahlend.

Und als es das nächstemal im Dorf brannte, mußte die Feuerwehr das Feuer so löschen, wie es die Feuerwehren in allen anderen Orten der Welt auch tun müssen.

DAS FUCHSPELZCHEN

Allerorts leben viele Damen, Mädchen wie Frauen, die mit Leidenschaft schöne Pelzmäntel tragen. Die Reicheren unter ihnen erwerben Leopardenmäntel und gehen damit stolz spazieren. Wer weniger Geld hat, kann sich immerhin einen Fuchspelz um den Hals legen, damit er nicht friert.

Fuchspelze können sehr schön sein. Vor allem dann, wenn die Fuchsköpfchen noch am Pelz baumeln. Der Kürschner hat die Augen durch dunkle Glaskügelchen ersetzt, das Mäulchen ist weit aufgespreizt, und die Zähnchen darin sind scharf und spitz wie bei einem lebendigen Füchslein.

Wer der Ansicht ist, es sei ganz ungefährlich, einen Fuchspelz zu tragen, der irrt. Vor allem dann, wenn das Köpfchen noch am Pelz hängt, können unwahrscheinliche Dinge eintreten. Von solch einer Begebenheit will ich nun erzählen.

Herr Daniel Borstenkamm war Schneidergeselle. Er war dünn und zierlich, wie sich das für einen Schneider ziemt, und außerdem meist guter Laune. Die gute Laune schwand Herrn Borstenkamm auch dann nicht, wenn er am Abend die Straßenbahnlinie 31 bestieg, um heimwärts zu fahren. Die Straßenbahn war nämlich zu jener Stunde meist überfüllt. Es war die Stunde des allgemeinen Büro- und Geschäftsschlusses. Viele Leute benutzten, so wie Herr Borstenkamm, die Linie 31, um nach Hause zu gelangen.

Dichtgedrängt standen die Menschen im Wagen, und mitten unter ihnen stand Herr Borstenkamm. Vor ihm stand, nicht minder eingekeilt wie er, eine junge hübsche Dame. Die Dame hatte ein Fuchspelzchen um den Hals geschlungen. Das Köpfchen baumelte noch am Pelz, die schwarzen Äuglein blitzten listig, die Zähnchen drohten spitz aus dem weit aufgespreizten Mäulchen.

Herr Borstenkamm war nicht nur meist guter Laune, er war auch ein sehr tierliebender Mensch. Als er gegen das Mädchen gedrängt wurde, streichelte er das Fuchsköpfchen mit der Hand. „Armes Tierchen", sagte er. „So lustig siehst du aus. Ich glaube, du bist zu Lebzeiten ein fröhlicher Kerl gewesen."

Herr Borstenkamm hätte das lieber nicht sagen sollen. Vielleicht hätte er auch darauf verzichten sollen, das Fuchsköpfchen zu streicheln. Jedenfalls schnellte das Fuchsmäulchen plötzlich vor und biß Herrn Borstenkamm in den rechten Zeigefinger.

Borstenkamm war verblüfft. „Nun sieh mal einer an", sagte er zu sich. „Der kleine Teufel schnappt nach mir, obwohl es doch schon so lange her ist, daß ihn der Jäger geschossen hat. Welch seltsame Dinge einem doch widerfahren können, wenn man in einer überfüllten Straßenbahn fährt!"

Er betrachtete seinen Finger und bemerkte, daß er ziemlich stark blutete. Ich muß aufpassen, dachte er, daß ich das Blut nicht einem meiner Nachbarn auf den Anzug wische. Blut läßt sich sehr schwer wieder aus Stoffen entfernen. – Als Schneider wußte er darüber gut Bescheid.

So suchte er in seinen Taschen nach einem Tuch, aber er fand keines.

Was sollte er da machen?

Ich weiß, was ich tue, dachte er bei sich. Des Fräuleins Füchschen hat mich gebissen, des Fräuleins gutes Herz wird mir helfen. Also tippte er mit der unverletzt gebliebenen linken Hand der Dame auf den Rücken und sagte: „Verzeihen Sie, mein Fräulein. Ihr Füchschen hat mich eben gebissen. Könnten Sie mir vielleicht ein Papiertaschentuch leihen?"

Die Dame war anscheinend nicht so guter Laune wie Herr Borstenkamm. Sie drehte sich nur kurz um und schnarrte: „Lassen Sie diesen Unsinn, mein Herr."

Borstenkamm zuckte die Achseln. Was soll ich machen, dachte er, mein Finger blutet, und wenn ich nicht rasch etwas dagegen tue, bringe ich Blut auf den Anzug irgendeines Fahrgastes. Das kann mich eine schöne Stange Geld kosten. Am besten wird wohl sein, wenn ich den Finger in den Mund stecke.

Er tat dies auch und vergaß dabei, sich mit der Linken an der Haltestange festzuhalten. In diesem Augenblick bremste der Wagen scharf ab. Ein Fußgänger war noch rasch über die Schienen gesprungen, um den Bus auf der gegenüberliegenden Straßenseite zu erreichen. Der Fahrer fluchte, die Fahrgäste taumelten hin und her und traten einander auf die Füße.

Da schnappte das Füchschen neuerlich zu. Diesmal biß es Herrn Borstenkamm in die Nase.

„Mein Fräulein!" rief Herr Borstenkamm entsetzt. „Ich muß sehr bitten. Ihr Füchschen hat mich soeben in die Nase gebissen. Das kann ich mir nicht gefallen lassen."

„Sie Lümmel!" fauchte die Dame zurück. „Was fällt Ihnen ein? Mein Füchschen beißt nicht. Ich habe es vor einem Jahr beim Pelzhändler gekauft. Es ist tot."

„Aber so sehen Sie doch", erwiderte Herr Borstenkamm. „Mein Finger blutet, meine Nase blutet. Wer sollte mich denn sonst gebissen haben, wenn nicht Ihr Füchschen?"

Die Dame, das zeigte sich jetzt, war sehr schlechter Laune.

Sie versetzte Herrn Borstenkamm eine schallende Ohrfeige, und das Füchschen bellte erheitert.

„Da!" rief Herr Borstenkamm. „Ihr Füchschen hat soeben gebellt. Seit wann bellen tote Füchse, he?"

Die Dame gab sich entrüstet. Sie wandte sich ab. Im selben Augenblick schnappte das Füchschen wieder zu. Diesmal biß es Herrn Borstenkamm ins rechte Ohrläppchen. Borstenkamm schrie auf und drängelte sich durch die dichtgedrängten Fahrgäste. Er hatte nur noch einen Wunsch, nämlich so rasch wie möglich aus der Nähe jener Dame zu kommen, ehe das Füchschen ihm noch die Halsschlagader aufriß.

„Ein unverschämter Kerl", sagte die Dame zu einer anderen Dame, die gleichfalls einen Fuchspelz um den Hals geschlungen trug.

„Ach, diese jungen Männer heutzutage", erwiderte die andere Dame und seufzte. „Nichts als Unfug haben sie im Sinn."

„Mein Füchschen soll ihn gebissen haben! Pah!"

„Ihr Füchschen? Das ist ja unerhört."

Wiederum bremste die Straßenbahn scharf ab. Diesmal war ein Auto, von links kommend, auf den Schienenweg abgebogen, ohne daß der Lenker ein Zeichen gegeben hätte. Wiederum fluchte der Straßenbahnfahrer, und wiederum taumelten die Fahrgäste hin und her und rückten und schoben einander und traten sich gegenseitig auf die Füße.

Da ertönte wütendes Gekläff durch die dichtgedrängte Menge, ein heiseres, aufreizendes Bellen.

Die beiden Damen mit den Fuchspelzen waren einander zu nahe gekommen, und nun lagen sich unvermutet die beiden Fuchsköpfchen in den Haaren und bissen und schnappten aufeinander los.

„Da vorn steht der Unmensch!" schrie das Fräulein. „Dieser Tierquäler! Dieser Verbrecher! Er hat mein Füchschen,

mein armes, kleines Füchschen aufgehetzt! Jetzt fällt es schon die anderen Füchschen an! Sperrt ihn ein, diesen elenden Kerl!"

Herr Borstenkamm, dessen Gesicht ziemlich stark von Blut verschmiert war, konnte er doch Nase und Ohr nicht in den Mund stecken wie den Zeigefinger, suchte angstvoll das Weite. Er sprang aus der fahrenden Straßenbahn ab und hätte sich vielleicht das Genick gebrochen, wäre er nicht in einen Handkarren mit Fellen gestürzt.

„He!" schrie der Karrenschieber, ein Kürschner, der eben ein paar Pelze zu einem Fellhändler gleich um die Ecke brachte. „Da haben Sie aber Glück gehabt. Sonst fahre ich nämlich mit dem Auto, aber heute wird es in der Werkstatt überholt."

„Sie haben auch Glück", sagte Herr Borstenkamm. „Erstens bin ich sehr leicht, so daß mein Sturz Ihre Karre nicht beschädigt hat. Und zweitens haben Sie auf der Karre, soweit ich sehe, nur Rinder- und Schaffelle, doch keinen Fuchspelz."

„Ich verstehe Sie nicht ganz", sagte der Kürschner.

„Da! Sehen Sie doch", erwiderte Herr Borstenkamm.

An der Haltestelle stiegen eben die beiden Damen aus. Die Füchschen hatten sich so ineinander verbissen, daß die Damen eng umschlungen gehen mußten, um nicht das kostbare Fuchsfell zu zerreißen.

„O ja", sagte der Kürschner, „das kann bei Fuchspelzen schon hin und wieder vorkommen. Im übrigen haben Sie übersehen, daß ich auch Kaninchenfelle auf meiner Karre habe."

Die beiden Damen strebten indes eng umschlungen dem Haus eines Tierarztes zu.

Der brachte die beiden Füchschen endlich so weit, daß sie wieder voneinander ließen.

„Sehr merkwürdig", sagte der Tierarzt. „Äußerst merkwürdig. Kämpfende Füchschen, die schon tot sind, habe ich noch nie gesehen." Dann verlangte er von jeder der Damen zwanzig Mark Honorar.

„Geben Sie mir einen Rat, Herr Doktor", sagte die Dame, deren Füchschen Herrn Borstenkamm gebissen hatte. „Was soll ich tun, daß so etwas nicht ein zweites Mal vorkommt? Der Unmensch in der Straßenbahn hat mein Tierchen so aufgehetzt, daß mir angst und bange wird, wenn ich an den morgigen Tag und an den überfüllten Wagen denke."

„Nun ja", sagte der Arzt und dachte nach. Dann meinte er: „Ich würde Ihnen raten, in ein Hundefachgeschäft zu gehen."

„Was? Ich soll mir einen Hund kaufen? Oder gar ein Hundefell?"

„Aber nein. Sie sollen sich einen Maulkorb kaufen, einen ganz kleinen Maulkorb für Ihr Füchschen."

Als Herr Borstenkamm am nächsten Abend wieder mit der Linie 31 nach Hause fuhr, bemerkte er zu seinem Schrecken vor sich die Dame mit dem Fuchspelz. Als er aber nähergeschoben wurde, sah er zu seiner Beruhigung, daß das Fuchsköpfchen einen Maulkorb trug.

Er tippte der Dame auf die Schulter und sagte: „Nun? Habe ich etwa nicht recht gehabt?"

„Sie unverschämter Lümmel!" fauchte die Dame, und das Füchschen bellte so heftig, daß der Fahrer den Wagen scharf abbremste und die Fahrgäste hin und her taumelten und einander auf die Füße traten.

DIE SONDERBARE KRANKHEIT
DES HERRN WALDEMAR

Die sonderbare Krankheit überfiel Herrn Waldemar über Nacht. Oder, besser gesagt, an einem Vormittag. Am Morgen noch hatte er wie jeden Tag sein Frühstück verzehrt und war dann in den Dienst gefahren. Herr Waldemar lenkte schon seit Jahren den Omnibus mit der Nummer 9 durch die Straßen der Stadt. Das war sein Beruf.

Während der Mittagspause hatte Herr Waldemar die Kantine für Omnibusfahrer aufgesucht. Wie täglich wollte er hier sein Mittagsmahl verzehren, sich dann ein Viertelstündchen in die Sonne setzen und daraufhin wieder den Bus Nummer 9 besteigen.

„Nun, was haben wir heute für Köstlichkeiten zu erwarten?" fragte er die Frau am Schanktisch, die jedem Gast mit einem großen Schöpfer die Mahlzeit auf den Teller lud.

„Etwas ganz Besonderes", sagte die Frau. „Eingemachtes Kalbfleisch. Ein wahres Wunder an Schmackhaftigkeit."

„Eingemachtes Kalbfleisch! Oh! Das ist eine Götterspeise. Wenn Sie eine freundliche Person sind, so schöpfen Sie mir doch doppelt soviel auf den Teller wie sonst."

„Ich bin eine freundliche Person", sagte die Frau und schöpfte Herrn Waldemar eine Riesenportion auf den Teller.

Herr Waldemar nahm sein Tablett, setzte sich zu einem seiner Arbeitskollegen und begann zu essen.

Und da geschah es.

Eine merkwürdige Veränderung ging in ihm vor. Er hob die Nase, schnupperte in die Luft, legte die Ohren zurück, reckte den Kopf hoch, stand auf und scharrte ein paarmal mit dem rechten Fuß. Dann wieherte er so laut und kräftig, daß alle Gäste, im Kauen unliebsam gestört, das Essen unterbrachen, galoppierte kreuz und quer durch die Tischreihen und rannte ins Freie.

Nach dieser Mittagspause warteten zahlreiche Fahrgäste vergeblich auf den Bus mit der Nummer 9. Herr Waldemar trabte durch die Straßen der Stadt, wieherte, schnaubte und schlug hin und wieder kräftig aus. Schließlich, nach zwei Stunden, erwachte er wie aus einem bösen Traum. Er kniete am Rand eines Flusses, aus dem er eben getrunken hatte.

Selbstverständlich war Herr Waldemar alles eher denn belustigt, als er sich so am Flußufer wiederfand. Er konnte sich nicht erklären, wie er hierhergeraten war. Und als er auf die Uhr sah, überlief ihn ein eisiger Schreck. Seit zwei Stunden schon sollte er den Bus Nummer 9 durch die Straßen lenken! Und er kniete hier am Flußufer! Welcher Teufel hatte ihm solch einen Schabernack gespielt?

Er hielt ein Taxi an und ließ sich zur Kantine zurückbringen. Dort wartete schon die Schankfrau auf ihn und drohte mit dem Schöpfer.

„Sie sind ein gemeiner und widerlicher Kerl!" schrie sie. „Habe ich Ihnen nicht immer eine doppelte Portion gegeben, wenn es eingemachtes Kalbfleisch gab? Und dafür blamieren Sie mich vor allen Gästen? Gut, ich gebe zu, daß ich unter das Kalbfleisch ein wenig Pferdefleisch gemischt habe. Pferdefleisch ist viel billiger als Kalbfleisch. Aber müssen Sie deshalb wiehern und wie ein Roß durch die Gegend laufen? Sie haben mich sehr enttäuscht, Herr Waldemar."

„Pferdefleisch, sagten Sie?" fragte Herr Waldemar, der sich noch immer nicht ganz wiedergefunden hatte.

„Jawohl, Pferdefleisch. Und daß Sie es nur wissen: Ich habe schon öfters Pferdefleisch verkocht. Und niemand hat sich deshalb beschwert. Sie sind der einzige. Schämen Sie sich!"

Herr Waldemar stieg kopfschüttelnd in seinen Bus und fuhr damit, wie er es täglich tat, durch die Straßen der Stadt, bis seine Arbeitszeit abgelaufen war.

Die Kantine wollte er an diesem Abend nicht mehr betreten, und so zog er es vor, ein Gasthaus aufzusuchen, um hier rasch ein kleines Abendbrot zu sich zu nehmen.

„Ich würde gern eine Kleinigkeit essen", sagte er zur Kellnerin. „Was können Sie mir empfehlen?"

„Wir haben hervorragende Schweinswürstchen hier, die sind erst vor einer Stunde angeliefert worden", sagte die Kellnerin.

„Gut. Bringen Sie mir ein Paar Schweinswürstchen mit Sauerkraut und Bratkartoffeln."

„Bitte sehr", sagte die Kellnerin, ging zur Küche, holte das Verlangte und stellte den Teller auf Herrn Waldemars Tisch.

Herr Waldemar schnitt ein Stück des Würstchens ab und führte es zum Mund. Ah, wie das duftete! Das Wasser lief ihm im Mund zusammen. Er schloß die Augen, er kaute und genoß. „Tatsächlich, ein ganz hervorragendes Würstchen", sagte er zur Kellnerin.

„Nicht wahr", antwortete das Mädchen. „Ich habe . . ." Sie unterbrach sich mitten im Satz. Fast fielen ihr die Augen aus den Höhlen.

Herr Waldemar warf sich plötzlich vom Stuhl auf den Boden, er begann laut und wohlig zu grunzen, und als er im Garten des Lokals eine Wasserlache fand, suhlte er sich darin und quiekte und grunzte wie ein riesiges Ferkel. Schließlich

stand er auf, rannte quiekend und grunzend davon, über und über mit Schmutz bedeckt.

Nach zwei Stunden kam er wieder zu sich. Er befand sich in einer unbekannten Straße und troff nur so von Kot und Schlamm.

Wiederum war Herr Waldemar, wie man sich gut vorstellen kann, über den Vorfall keineswegs belustigt. Er schlich sich heim. Er ertrug stumm das wütende Geschrei seiner Frau, die ihm wegen des verschmutzten Anzugs schwere Vorwürfe machte, und bat seine Ehegattin nur, ihm doch noch ein Wurstbrot zuzubereiten, ehe er sich zu Bett legte.

Das tat Frau Emilie denn auch. Herr Waldemar hatte inzwischen geduscht, er hatte sich schon den Schlafanzug angezogen, er wartete geduldig, bis ihm Frau Emilie das Wurstbrot brachte.

Aber kaum hatte er den ersten Bissen zu sich genommen, als er ein lautes „Muh!" ausstieß, dann ein zweites und ein drittes Mal noch lauter brüllte als eine Kuh, ins Schlafzimmer trottete, sich auf dem Bettvorleger niederließ und wiederzukäuen begann.

Frau Emilie ahnte Schlimmes. Schließlich hatte sie schon während des Tages einige Telefonanrufe von Bekannten erhalten, die ihr mitgeteilt hatten, ihr Mann wäre erst einem Pferd nicht unähnlich, dann aber wie ein Schwein ziellos durch die Stadt gerannt. So rief sie den Hausarzt an, und mit ihm brachte sie Herrn Waldemar denn auch bald zu Bett.

Der Arzt, den Herr Waldemar am nächsten Morgen in der Sprechstunde aufsuchte, beschloß, mit dem sonderbaren Kranken einige Versuche anzustellen. Und da kam der Mediziner bald dahinter, daß Herr Waldemar schon nach den ersten Bissen eines Fleischstücks, das er zu sich nahm, die Eigenschaften und das Gehaben jenes Tieres annahm, von dem das

Fleisch herrührte. Er brüllte wie eine Kuh, wenn er Rindfleisch gegessen, und er grunzte wie ein Schwein, wenn er Speck verzehrt hatte. Nicht einmal Fisch durfte er zu sich nehmen, denn schon nach drei- oder viermaligem Kauen sprang er in den nächsten Waschkessel und konnte nur mit Mühe am Ertrinken gehindert werden.

So wurde Herr Waldemar notgedrungen Vegetarier, das heißt, er durfte nur noch Obst und Gemüse essen. Seine Sehnsucht nach Fleischspeisen war allerdings sehr groß, und Frau Emilie hatte auch ein Einsehen mit ihm. Ein Schaf, sagte sie sich, ist ein duldsames Tier. Und so kaufte sie ab und zu ein wenig Schaffleisch. Herr Waldemar mußte sich dann zu Bett legen, ein Schlafpulver nehmen und sich ordentlich mit einer Decke zudecken. Dann erst durfte er von dem Schaffleisch essen. Nach den ersten Bissen entschlummerte er regelmäßig unter sanftem Blöken.

Aber auch das Vegetarierdasein schien plötzlich ein böses Ende zu nehmen. Denn eines Tages rollte sich Herr Waldemar zusammen wie eine Kugel und wurde rot. Er hatte zuvor eine Apfelsine gegessen. Als er am selben Tag Pflaumenmus verzehrte, wurde er blau und oval. Es war schrecklich anzusehen. So mußte auch das Obst vom Speisenzettel gestrichen werden.

Eine Woche später traten ähnliche Zustände beim Verzehren von Gemüse auf. Blumenkohl ließ Herrn Waldemar weiß und rund werden und die Arme wie zwei welke Blätter von sich strecken. Auf Spinat hingegen wurde er grün und lasch. Die Erscheinungen dauerten zwar nie länger als zwei Stunden, aber da sie stets schon nach den ersten zwei oder drei Bissen auftauchten, war Herr Waldemar vom Hungertod bedroht.

Eines Morgens lag er gähnend im Bett, und eine Fliege flog ihm in den Mund. Wenige Minuten später betrat Frau Emilie das Zimmer und schrie wild auf. Herr Waldemar klebte an der Vorhangstange, fiel jedoch auf den Entsetzensschrei hin zu Boden. Fliegen konnte er nämlich nicht. Zwei Stunden später, als er erwachte, verspürte er große Schmerzen. Vermutlich hatte er sich einige Rippen geprellt. Der Arzt gab ihm eine schmerzstillende Tablette, aber da wurde Herr Waldemar weiß und rund wie die Pille, die er eben geschluckt hatte.

Damit schien sein Schicksal besiegelt.

Aber der Arzt, Frau Emilie und auch Herr Waldemar selbst gaben den Kampf noch nicht auf.

„Was ist es nur, daß Sie sich jedesmal in das verwandeln, was Sie gerade essen?" fragte der Arzt.

„Wenn ich das wüßte", stöhnte Herr Waldemar. „Ich weiß nur, daß ich nach den ersten paar Bissen nichts mehr weiß und erst zwei Stunden später wieder zu mir komme."

„Aha", sagte der Arzt. „Es muß also am ersten Bissen, am ersten Geschmackseindruck liegen, den ihr Gaumen bekommt. Er verursacht die sonderbaren Veränderungen." Er dachte lange und scharf nach.

„Ich hab's, ich hab's!" rief er schließlich. „Die Sache ist im Grunde ganz einfach zu heilen! Der erste Eindruck der Speise, den Ihr Gaumen erhält, ist der entscheidende."

„So ist es wohl, Herr Doktor."

„Wir müssen den Versuch machen. Jawohl, wir müssen den Versuch machen", rief der Doktor fröhlich. „Herr Waldemar, gehen Sie ins Bad und waschen Sie so gründlich wie möglich Ihren rechten Zeigefinger."

Herr Waldemar schleppte sich ins Bad, wusch und bürstete den rechten Zeigefinger, spülte ihn sauber mit Wasser ab und stolperte dann wieder ins Bett. Er war in den letzten Wochen sehr schwach geworden.

„So, und nun stecken Sie den Finger in den Mund und saugen Sie kräftig daran."

Herr Waldemar tat, wie ihm geheißen ward.

„Es ist gut, Herr Waldemar. Und nun versuchen Sie zu essen, worauf Sie Appetit verspüren."

Herr Waldemar sah ungläubig drein. „Ich soll ... ich soll..."

„Ja. Sie haben sich vorhin mit dem ersten Bissen sozusagen in sich selbst verwandelt, in Herrn Waldemar. Sie haben Ihren Finger abgeschleckt. Es kann Ihnen nichts weiter geschehen."

Herr Waldemar aß an jenem Tag mit bestem Appetit eine Mahlzeit mit neun Gängen. Immer und immer wieder mußte ihm Frau Emilie etwas anderes auftischen.

„Ich brauche also vor den Mahlzeiten nur den Finger abzulutschen, Herr Doktor? Und dann geschieht mir nichts?"

„Vorausgesetzt, daß der Finger gut gewaschen ist. Sonst verwandeln Sie sich am Ende in ein Stück Seife."

Herr Waldemar war schon nach wenigen Tagen wieder bei Kräften.

Auch mit der Schankfrau in der Kantine hatte er sich bald wieder ausgesöhnt. Er erregte zwar regelmäßig einiges Aufsehen, wenn er vor jedem Essen den Zeigefinger in den Mund steckte und daran herumleckte. Aber das machte ihm nichts aus.

Es ist besser, die Leute halten mich für ein Ferkel, dachte er bei sich, als ich laufe als Riesenferkel durch die Gegend. Guten Appetit!

DIE KLUGE KUH ELISABETH

In den Großstädten gibt es Häuser, die haben zehn oder noch mehr Stockwerke. Wie breite Türme ragen sie in den Himmel. Manche dieser riesengroßen Häuser sind häßlich, manche sind schön, einige von ihnen aber gleißen und glitzern vor Pracht. Ihre Fensterfronten sind blank, helle Sonnenschutzblenden leuchten weithin durch die Straßen, die Vorderfronten der Gebäude sind bis zum ersten Stock mit Marmor verkleidet.

In diesen Häusern gibt es häufig keine Wohnungen. In ihnen sind nur Büros untergebracht. Und nicht selten gehört solch ein besonders schönes Gebäude irgendeiner Versicherungsgesellschaft.

In jenen Häusern, die Versicherungen gehören, kann man sich gegen alles versichern lassen. Gegen Unfall, gegen Krankheit, gegen Einbruch, gegen Feuer. Dort kann man auch eine Lebensversicherung abschließen. Wer eine solche Versicherung abgeschlossen hat, zahlt monatlich eine Prämie ein. Ist er sechzig Jahre alt geworden, so erhält er von der Versicherung eine schöne Stange Geld. Sollte er vorher sterben, so bekommen die Angehörigen diese Summe ausbezahlt.

Herr Semmeltaub war Angesteller in solch einem schönen und riesengroßen Gebäude. Sein Büro lag im zwölften Stock des Hauses, und sein Aufgabenbereich waren Lebensversicherungen aller Art.

Eines Tages klopfte es an der Tür. Herr Semmeltaub rief „Herein" und blickte mißmutig vom Schreibtisch auf. Da kam also wieder einmal ein Kunde, und das gerade jetzt, da er eine umständliche Berechnung durchzuführen hatte.

Die Tür öffnete sich langsam, und ins Zimmer trat eine schöne, große, weißbraun gefleckte Kuh.

Schon wollte Herr Semmeltaub aufspringen und in den benachbarten Raum flüchten, denn eine Kuh in seinem Büro war etwas durchaus Ungewöhnliches. Noch dazu schien sie ohne Treiber gekommen zu sein.

„Sie brauchen vor mir keine Angst zu haben", sagte da die Kuh, und Herr Semmeltaub riß vor Erstaunen Mund und Augen weit auf. „Mein Name ist Elisabeth. Bitte behalten Sie doch Platz. Ich möchte bei Ihnen eine Lebensversicherung abschließen."

„Verzeihung", stotterte Herr Semmeltaub. „Die Sache ist etwas ungewöhnlich, das werden Sie mir zubilligen müssen."

„Ich möchte eine Lebensversicherung abschließen", sagte die Kuh. „Was finden Sie daran so ungewöhnlich?"

„Nun ja, den Vorgang, eine Versicherung abzuschließen, finde ich durchaus nicht ungewöhnlich. Aber immerhin . . . Ich meine . . ."

Die Kuh Elisabeth war nicht so rasch aus der Fassung zu bringen. Zuviel schon hatte sie an diesem Tag an Unbilden über sich ergehen lassen müssen. Erst der weite Weg in die Stadt, das Befragen von Passanten, wo denn die Gesellschaft für Lebensversicherungen ihren Sitz habe, und dann noch die endlosen Schwierigkeiten, mit dem Lift in den 12. Stock zu fahren.

„Ich habe vorgestern ein Gespräch in meinem Stall mit anhören müssen", sagte die Kuh. „Mein Bauer unterhielt sich mit seiner Frau. Natürlich ganz leise. Aber ich habe doch jedes

Wort verstanden. ‚Die Kuh Elisabeth', sagte der Mann, ‚die werden wir nächste Woche an den Schlachthof verkaufen.'"

„Aha!" Das war im Augenblick alles, was Herr Semmeltaub hervorbrachte. „Na ja, schön", sagte er dann noch.

„‚An den Schlachthof verkaufen', ja, das sagte der Bauer. Finden Sie das nicht brutal?"

„O ja, gewiß, gewiß."

„Und deshalb möchte ich eine Lebensversicherung abschließen. Für mich. Ich habe alles mitgebracht, was dazu nötig ist. Glauben Sie mir, es war nicht leicht, die Papiere im Schrank des Bauern zu finden. Es herrscht dort eine fürchterliche Unordnung."

„Nun ja", sagte Herr Semmeltaub endlich. „Sie wollen also eine Lebensversicherung abschließen. Aber nächste Woche sollen Sie doch schon – hm – geschlachtet werden. Wie stellen Sie sich das vor? Wir wissen, daß Sie schon in wenigen Tagen nicht mehr am Leben sein werden, und sollen Ihrem Bauern dennoch eine große Summe ausbezahlen?"

„Eben nicht", sagte Elisabeth ungeduldig. „Für einen Menschen sind Sie wahrlich schwer von Begriff. Wenn mein Bauer erfährt, daß ich eine Lebensversicherung für mich abgeschlossen habe, so wird er mich nicht mehr an den Schlachthof verkaufen. Denn in diesem Fall" – sie lachte muhend – „in diesem Fall würde er die Summe natürlich nicht erhalten. Sie verstehen doch. Er hätte ja meinen Tod mit Vorsatz herbeigeführt. Bei seinem Geiz wird er lieber ein paar Jährchen warten, bis ich eines natürlichen Todes sterbe, um dann die hohe Summe zu kassieren."

„Ja, nun beginne ich zu begreifen", sagte Semmeltaub.

„Sie sind wirklich von langsamer Denkungsart", sagte Elisabeth. „Aber ich hoffe, Sie werden zugeben, daß mein Plan wohlüberlegt und gut wiedergekäut ist."

„Zeigen Sie Ihre Papiere", sagte Semmeltaub in der Hoffnung, er könnte den ungewöhnlichen Handel abwenden. Denn ganz gewiß würde er Scherereien mit dem Chef bekommen, das ahnte er. Ein vierbeiniges Rindvieh hatte bei seiner Gesellschaft noch nie eine Lebensversicherung abgeschlossen.

Elisabeth zog aus einer Leibfalte einen Ordner hervor und sagte: „Hier finden Sie alles Notwendige. Mein Geburtsdatum, meine Abstammung, mein Gesundheitszeugnis."

Semmeltaub blätterte den Ordner durch und fand tatsächlich alles, was er brauchte. „Wenn dies so ist", sagte er, „so steht einem Vertragsabschluß nichts mehr im Wege."

Sogleich begann er, die erforderlichen Formulare auszufüllen. Elisabeth blätterte indes in den für die Besucher bereitliegenden Illustrierten. Aber sie war von den Bildern ziemlich enttäuscht. Sie fand keine einzige Kuh in all den Zeitschriften, nur Menschen, Maschinen und Unglücksfälle.

Nach einer halben Stunde angestrengter Arbeit sagte Semmeltaub erschöpft: „Nun muß ich noch um Ihre Unterschrift bitten, Elisabeth." Die Kuh tauchte ihre Schwanzspitze in das Tintenfaß und schrieb fein säuberlich ihren Namen unter alle Formulare. „Das Geld für die erste Prämie liegt auch im Ordner", sagte sie noch. Semmeltaub entnahm dem Ordner die Scheine, zählte sie nach und überreichte der klugen Kuh alle Papiere.

Elisabeth verließ hocherhobenen Hauptes das Büro und bestieg den Lift. Sie drückte mit der Hornspitze auf den Knopf mit der Aufschrift „Erdgeschoß", und gleich darauf war sie wieder auf der Straße.

Da sie nun schon einmal in der Stadt war, beschloß sie, ein wenig das Stadtleben zu genießen. Zunächst besuchte sie ein Lichtspieltheater, das den verheißungsvollen Film „Der Stierkampf" spielte. Sie war allerdings sehr enttäuscht von dem,

was sie da zu sehen bekam, und verließ das Kino noch vor Ende des Films. Ein Stier hatte mit einem buntgekleideten Menschen gerauft, das fand sie ganz und gar nicht humorvoll.

Aus einigen Lokalen, die sie aufsuchen wollte, warf man sie kurzerhand hinaus, das heißt, man vertrieb sie mit Püffen und Schlägen. Auch das fand sie ganz und gar nicht menschenfreundlich. Aber, so sagte sie sich, ich bin eben eine Kuh, und Kühe sind in der Stadt so selten, daß die meisten Leute vor ihnen erschrecken.

Weiter trottete sie die Asphaltstraßen entlang und fuhr ein Stück mit der Straßenbahn, aus der, nachdem sie eingestiegen war, sämtliche Fahrgäste flüchteten. Dann graste sie im Park vom englischen Rasen, der ihr äußerst schlecht schmeckte, und suchte sich ein Plätzchen, wo sie sich hinlegen konnte, um ein wenig wiederzukäuen. Denn das müssen alle Kühe tun, sie fressen bekanntlich zweimal. Einmal von der Weide, das zweitemal aus dem Magen. Das ist so ihre Art.

Aus dem Park aber verjagte sie ein wild schreiender Parkwächter. So trottete sie eben weiter und weiter und gelangte schließlich auf die große Laderampe eines Lagerhauses. Da sah sie etwas wunderbar Grünes vor sich. Grün wie die schönste Wiese rund um ihren Bauernhof. Mit einem Satz sprang sie auf das wunderbare Grün und streckte sich aus. Das Umherwandern hatte sie sehr müde gemacht. Sie wollte nicht einmal mehr wiederkäuen und schlief kurzerhand ein.

Nun war das wunderbare Grün allerdings keine Wiese gewesen, sondern der Dachaufbau eines großen Kastenwagens, und zwar eines Lieferwagens für Suppenwürze. „Magentrost – die beste aller Suppenwürzen" stand auch auf den beiden Seiten des Wagens. Elisabeth aber lag auf dem Wagendach und schlief.

Auch der Fahrer des Wagens hatte ein Mittagsschläfchen

gehalten, und allem Anschein nach war es zu kurz ausgefallen. Denn als er das Führerhaus bestieg, rieb er sich dabei die Augen, und deshalb sah er nicht, welch sonderbare Fracht sich auf dem Wagendach niedergelassen hatte. So fuhr er los, fuhr durch die große Stadt, sammelte Aufträge ein, lud aus der Seitentür Suppenwürze ab, kassierte Geldbeträge, rieb sich immer wieder die Augen und fuhr weiter.

Elisabeth war natürlich schon beim Starten des Wagens erwacht. Aber da sie eine kluge Kuh war, erkannte sie sofort, daß es Selbstmord gewesen wäre, vom fahrenden Auto zu springen. So duckte sie sich nur, muhte laut und kräftig, schlenkerte den Kopf auf und nieder und wedelte mit dem Schwanz wie verrückt.

Wo das Auto vorbeifuhr, blieben die Menschen stehen und gafften. Das war etwas ganz Neues! Etwas noch nie Dagewesenes! Eine Kuh saß ungeschützt auf dem Dach eines Lieferwagens! Wem war dieser unglaubliche Einfall gekommen? Ah, die Firma „Magentrost", die Fabrik für Suppenwürze, führte eine lebende Kuh spazieren. Das war ein außergewöhnlich guter Einfall. Wenn die Suppenwürze nun ebenso gut war? Man mußte sie versuchen. Unbedingt. Und die Hausfrauen stürmten die Geschäfte. Alle wollten Suppenwürze „Magentrost" kaufen.

Im Hauptbüro der kleinen Firma, die die Suppenwürze vertrieb, liefen die Telefone heiß. „Wir wollen eine neue Lieferung Suppenwürze ‚Magentrost'", hieß es immer wieder. „Die Leute sind plötzlich ganz verrückt nach Ihrer Suppenwürze. Weiß der Himmel, wieso und weshalb."

Binnen weniger Stunden war das Lager der Firma gänzlich ausverkauft. Der Firmeninhaber rieb sich die Hände. Solch ein Geschäft machte er sonst nicht einmal während eines halben Jahres.

Da fuhr der Wagen vor, auf dem die Kuh Elisabeth lag.

Dem Chef fielen beinahe die Augen aus dem Kopf.

„Eine Kuh auf meinem Lieferwagen?" rief er. „Du lieber Himmel! Wem ist denn dieser unglückselige Gedanke gekommen?"

„Ein unglückseliger Gedanke?" schrie seine Sekretärin voll Freude. „Wieso unglückselig? Bemerken Sie nicht die Zusammenhänge, Chef? Dieser Kuh haben wir doch den ungeheuren Umsatz zu verdanken. Das war der tollste Werbeeinfall, den je eine Firma hatte. Sie sind ein Genie, Herr Kümmelschweif."

„Aber ich . . . aber ich . . . nun ja, ich weiß", sagte der Chef und wölbte seine Brust vor, „ich bin ein Genie."

Er schritt hinaus auf die Laderampe und zog die Kuh vom Autodach.

„Ich danke Ihnen verbindlich", sagte die kluge Kuh Elisabeth. „Ich bin halb gestorben vor Angst. Ständig mußte ich befürchten, vom Wagen zu stürzen. Wenn Sie gestatten, werde ich mich jetzt empfehlen."

Herr Kümmelschweif war gar nicht erstaunt darüber, daß Elisabeth fast akzentfrei sprechen konnte. Heute erstaunte ihn überhaupt nichts mehr.

„Aber Sie werden doch nicht davonlaufen, jetzt, da wir einander erst kennengelernt haben", sagte er. „Darf ich Sie noch für einen Augenblick in mein Büro bitten?"

Im Büro erzählte ihm die kluge Kuh Elisabeth die ganze Geschichte. Vom Bauern, der sie an den Schlachthof verkaufen wollte, vom Versicherungsagenten Semmeltaub, vom Kinobesuch, vom Parkwächter und von dem großen Kastenwagen, auf dem sie sich ein wenig hatte ausruhen wollen, weil er so wunderbar grün gewesen war.

„Ich mache Ihnen einen Vorschlag", sagte Herr Kümmelschweif endlich. „Ich nehme Sie unter Vertrag. Sie zählen ab sofort zu meinen Angestellten. Auf dem Firmenwagen werden wir ein Schutzgitter anbringen, damit Sie nicht herunterfallen können. Aber Sie müssen in Zukunft jeden Tag mindestens eine Stunde lang durch die Stadt gefahren werden, und zwar da oben, auf diesem Kastenwagen."

„Nun ja, wenn ich . . . wenn ich dafür . . ."

„Sie bleiben im Dienst der Firma, solange Sie leben. Sie bekommen den besten Stall, den Sie sich vorstellen können, das beste Futter und die beste Behandlung."

„Das freut mich überaus", sagte die kluge Kuh Elisabeth, tauchte ihre Schwanzspitze in das Tintenfaß und schrieb ihren Namen unter den Vertrag, den der Chef der Suppenfirma „Magentrost" ausgestellt hatte.

Schon am Abend lag sie in dem schönsten Stall, den sie je gesehen hatte.

„Wozu", fragte sie sich, während sie ein wenig wiederkäute, „wozu habe ich eigentlich die Lebensversicherung abgeschlossen? Ich hätte das alles viel billiger haben können. Ich hätte mich doch nur gleich auf das Autodach zu legen brauchen."

Aber so ist es nun einmal im Leben. Vieles, ja, fast alles erreicht man nur auf Umwegen. Und die sind mitunter recht beschwerlich.

AUTOSTOPPER BUBBLE GUM

Er stand am Straßenrand und starrte traurig auf seine Schuhspitzen. Alles an ihm war traurig. Sein Gesicht, seine Arme, seine Beine, der Zustand seines Anzugs. Selbst der große Rucksack, der neben ihm auf dem Boden stand, sah aus, als wollte er jeden Augenblick zu weinen beginnen. Und ein Rucksack, der weint, ist bestimmt kein lustiger Anblick.

Herr Kasimir Topfbeißer, der Tag für Tag mit seinem Auto dieselbe Wegstrecke in sein Büro fuhr, von einem Vorort ins Zentrum der großen Stadt, hatte seine Grundsätze. Einer dieser Grundsätze lautete: „Nimm niemals einen Autostopper mit, Topfbeißer. Autostopper machen dir nur Schwierigkeiten. Manchen von ihnen wird beim Fahren übel. Andere wollen ganz woandershin als du und überreden dich zu Umwegen. Wieder andere haben sich seit Wochen nicht gewaschen, und deine Nase kann büßen, weil dein Herz zu großzügig war. Darum, Topfbeißer, sei vorsichtig. Wenn ein Autostopper am Straßenrand steht, so fahr an ihm vorbei."

An jenem Morgen jedoch war Herr Topfbeißer nicht allein in seinem Wagen. Sein Töchterchen Arnika saß auf dem Rücksitz und plauderte unentwegt mit ihm. Dem Vater war es recht so. Es vertrieb angenehm die Zeit, während der eintönigen Fahrt zu plaudern. Man durfte dabei nur nicht vergessen, auf den Verkehr zu achten.

Mit einemmal verstummte das Mädchen. Es hatte den jungen Mann am Straßenrand erblickt. Er starrte noch immer traurig auf seine Schuhspitzen, und alles an ihm war traurig.

„Sieh dir das an, Paps", sagte Arnika. „Der junge Mann dort. Er schaut so traurig aus. Wollen wir ihn nicht mitnehmen? Vielleicht würde ihn das ein bißchen aufheitern."

„Eine Fahrt mit mir ist nie aufheiternd", erklärte Herr Topfbeißer ärgerlich. Jetzt hatte auch er den jungen traurigen Mann erblickt. Dieser hatte sich an das Ende einer Baustelle gestellt. Jedes Auto mußte sich ihm im Schrittempo nähern. Es gab keine Entschuldigung, an ihm vorbeizufahren.

„Ach, ist es nicht schrecklich, wenn so ein junger Mann so traurig ist?" fragte Arnika nochmals. „Wir sollten ihn mitnehmen. Vielleicht kann ich ihn ein bißchen aufheitern?"

Der Wagen rumpelte und holperte über die Baustelle. Der junge Mann war schon ganz nahe. Er deutete mit dem rechten Daumen in die Fahrtrichtung Herrn Topfbeißers und blickte im übrigen nach wie vor traurig auf seine Schuhspitzen.

„Ich nehme keine Autostopper mit, Arnika", sagte Herr Topfbeißer mürrisch. „Du weißt es."

„Das ist kein gewöhnlicher Autostopper", gab ihm sein Töchterchen zur Antwort. „Ein Mann, der so traurig aussieht, ist kein gewöhnlicher Autostopper."

„Da hast du recht", meinte Herr Topfbeißer. „Dieser Mann ist kein gewöhnlicher Autostopper. Autostopper sind nicht traurig. Sie sind lustig, fröhlich und voll Abenteuerlust."

Er hielt den Wagen an. Der traurige junge Mann nickte kaum merklich mit dem Kopf, schob seinen Rucksack auf den Vordersitz und setzte sich neben Arnika auf den freien Rücksitz.

„Wohin kann ich Sie bringen?" fragte Herr Topfbeißer leutselig.

„Ach", seufzte der junge traurige Mann. „Das ist mir völlig gleichgültig. Fahren Sie nur drauflos, und wenn Sie am Ziel sind, steige ich aus." Dann versank er in dumpfes Schweigen.

Arnika überlegte. Wie könnte ich den jungen traurigen Mann ein bißchen aufheitern, fragte sie sich. Aber es fiel ihr nichts Passendes ein.

Mit einemmal blickte der junge Mann auf und sagte: „Übrigens, ich heiße Bubble Gum."

„Ich heiße Arnika", sagte das Mädchen. „Und der Mann am Steuer ist mein Vater. Er heißt Kasimir Topfbeißer."

„Ich heiße Bubble Gum", wiederholte der junge Mann. „Und ich brauche sehr viel Bubble Gum, um leben zu können. Beim Einsteigen habe ich leider meinen Kaugummi verloren. Er ist wohl in den Rinnstein gefallen. Nun muß ich mir rasch einen anderen suchen."

Er begann in seinem Rucksack zu wühlen.

„Ich weiß es doch, ich habe da irgendwo noch einen Kaugummi", sagte er. „Zum Kuckuck, ich muß ein Stück Kaugummi haben, sonst geschieht etwas Schreckliches."

Arnika suchte fieberhaft in ihrem Täschchen. Sie hatte sehr oft Kaugummi bei sich. Aber heute fand sie nicht einmal ein Kaugummipapier.

„Wenn ich keinen Kaugummi kaue, dann wird mein Rucksack rebellisch", rief der junge Mann. „Ich heiße nämlich Bubble Gum. Sagt Ihnen das nichts?"

„Ich bin an seltsame Namen gewöhnt, besonders bei jungen Leuten", erwiderte Herr Topfbeißer. „Im übrigen ist es eine gute Willensschulung für Sie, wenn Sie einmal eine Viertelstunde lang nicht kauen."

„Ja, das sagen Sie. Aber in dem Rucksack habe ich lauter Gummisachen. Und die sind nur zu beruhigen, wenn ich Kaugummi kaue."

138

„Das ist doch das Dümmste, was ich je gehört habe", meinte Herr Topfbeißer. „Was hat das eine mit dem anderen zu tun?"

„Was hat ein riesiges Erdbeben vor einigen Millionen Jahren mit Ihrem Wagen zu tun?"

„Ich denke, so gut wie nichts", sagte Herr Topfbeißer.

„So gut wie nichts! Das dachte ich mir! Bei einer dieser Naturkatastrophen entstand das Erdöl. Aus dem Erdöl wird Benzin gewonnen. Und ohne Benzin könnten Sie nicht fahren. Oh, es hängt so vieles zusammen, was man nie und nimmer als zusammengehörig vermuten würde."

„Ihr Humor ist umwerfend", meinte Herr Topfbeißer grimmig. „Einen seltsameren Fahrgast als Sie habe ich bei Gott noch nie gehabt. Im übrigen fahre ich nicht mit Benzin, sondern mit Diesel."

„Auch Dieselöl wird aus Erdöl gemacht", sagte der junge Mann. „Da! Sehen Sie! Es geht schon los! Ich habe es befürchtet. Ich muß versuchen, so zu tun, als hätte ich ein Stück Kaugummi im Mund."

Er kaute und kaute angestrengt vor sich hin, obwohl in seinem Mund nichts war außer der Zunge und den Zähnen. Und in die Zunge biß er sich aus Versehen.

„Au!" schrie er. „Ich habe mich in die Zunge gebissen! Jetzt kann ich nicht mehr kauen. Jetzt werden Sie bald so allerlei erleben."

Tatsächlich schien gleich darauf in den Rucksack Bewegung zu kommen. Er rollte hin und her, er hüpfte und blähte sich auf, schließlich platzte die Naht, und ein Gummiarm streckte sich ins Freie.

„Ein Tier! Ein schreckliches Tier!" schrie Arnika entsetzt.

„Das ist kein Tier. Es ist mein Schlauchboot, das sich entfaltet", sagte der junge Mann. „Warum müssen diese idiotischen Zusammenhänge ausgerechnet mir zustoßen? Warum muß ich Bubble Gum heißen? Wenn ich nicht kaue, entfaltet sich alles Gummizeug in meiner Nähe."

Mit einem leisen Knall war der Rucksack geplatzt. Das Schlauchboot zwängte sich in alle freien Räume des Autos.

„Das geht zu weit", sagte Herr Topfbeißer. „Ich bin beim Fahren behindert. Lassen Sie die Luft aus dem Boot, oder tun Sie sonst etwas."

„Ich kann die Luft nicht auslassen. Geben Sie mir einen Kaugummi, und das Schlauchboot schrumpft wieder von selbst. Ich brauche nur zu kauen."

„Aber so tun Sie doch etwas!"

„Ja, ich werde etwas tun." Der junge Mann öffnete das Schiebedach, und das Schlauchboot zwängte sich nun, einer riesigen Gummiwurst ähnlich, ins Freie.

„Ach, ich dachte es doch. Meine Schuhe! Meine guten Schuhe!" jammerte Bubble Gum. „Da, sehen Sie. Der linke bläht sich schon auf. Gleich wird er so dick und rund sein wie ein Luftballon."

In der Tat hatten die Schuhe Bubble Gums eine unförmige Gestalt angenommen. Sie zwängten sich unter die Sitze und in die Lüftungsschlitze der Heizung.

„Da habe ich mir etwas Schönes aufgehalst", knurrte Herr Topfbeißer bitterböse. „Das hat man davon. Er ist eben doch nur ein ganz gewöhnlicher Autostopper. Und Autostopper machen Schwierigkeiten. So oder so. Kein Wunder, wenn er traurig aussieht. Bei diesen Zuständen!"

„Meine Kleidung fängt auch schon an sich zu verändern", klagte Bubble Gum. „Sie müssen nämlich wissen, daß ich nur Gummikleidung trage. Sie ist sehr praktisch, wenn man ins Wasser fällt."

Tatsächlich schien sich der Autostopper ständig zu vergrößern, als würde er von innen her aufgeblasen. Sein Leib drängte Arnika in den äußersten Winkel ihres Sitzes.

„Was ist das?" schrie nun Herr Topfbeißer auf. „Meine Schuhsohlen! Was ist da geschehen? Sehe ich recht? Die werden ja immer größer?"

„Alles Gummi in meiner Nähe bläht sich auf", lamentierte Bubble Gum. „Geben Sie mir ein Stück Kaugummi, und alles Ungemach hat ein Ende."

„Woher soll ich ein Stück Kaugummi nehmen?" fauchte Herr Topfbeißer. Seine Sockenhalter füllten breit die Hosenbeine, und nun begann auch schon der Bodenbelag im Auto, der aus Gummi war, verdächtige Blasen zu werfen.

„Sie steigen sofort aus, mein Herr!" schrie er. „Oder . . ."

„Oder?"

Herr Topfbeißer hielt an. „Steigen Sie aus!"

„Ja, aber wie denn, wie denn?" jammerte Bubble Gum. „Sehen Sie denn nicht, daß jedes freie Fleckchen mit Gummiblasen ausgefüllt ist? Ich kann mich sowenig vom Platz rühren wie Sie. Und das wird von Minute zu Minute ärger."

Im Handschuhfach hatte Herr Topfbeißer ein Paar Gummihandschuhe liegen. Wie Krakenfüße drängten die aufgeblähten Finger durch die Spalten und sprengten schließlich die Klappe auf.

Selbst die Scheibe war schon fast gänzlich von aufgequollenen Gummistreifen bedeckt. So hätte Herr Topfbeißer um ein Haar die Polizeistreife überfahren, die ihn anhielt.

Ein Inspektor klopfte ans Fenster. Herr Topfbeißer kurbelte es herunter, und im selben Augenblick ergoß sich eine Flut von Gummiwülsten ins Freie.

„Menschenskind! So können Sie doch nicht durch die Gegend fahren", sagte der Polizist. „Das ist ja lebensgefährlich."

„Ich weiß, ich weiß", ächzte Herr Topfbeißer. „Aber ich

komme nicht mehr aus dem Wagen heraus. Sehen Sie doch selbst! Alles Gummi! Alles Gummi!"

Der zweite Polizist, ein riesengroßer Mensch von mehr als zwei Meter Länge, drückte das Schlauchboot, das aus dem Schiebedach gequollen war, beiseite und sah ins Innere.

„Donnerwetter!" sagte er staunend. Und dabei fiel ihm der Kaugummi aus dem Mund, an dem er eben noch eifrig gekaut hatte.

Bubble Gum hatte das gesehen. Er schnappte sich das Stückchen, schob es in den Mund und begann zu kauen.

Und sofort begann die Gummiflut zu schrumpfen.

„Karneval ist erst in einem halben Jahr", schimpfte der Polizist. „Ich muß für Sie leider ein Strafmandat ausstellen, mein Herr."

„Aber warum denn?" fragte Bubble Gum und kaute, was er nur konnte. „Weshalb denn? Was hat Herr Topfbeißer denn getan?"

„Er fährt ... er fährt ... Ja nun, er fährt verkehrsbehindernd durch die Vorstadt ... Das heißt ... im Grunde ist es gar nicht so verkehrsbehindernd ... Das hat im ersten Augenblick eigentlich viel gefährlicher ausgesehen, kommt mir vor ... Ich meine das Schlauchboot ... Aber das ist ja nur ein Kinderspielzeug ... Und all das andere ... Nun, ich weiß nicht recht ..."

„Lassen wir ihn weiterfahren", sagte sein großer Kollege. „Wenn wir den Wagen noch länger hier festhalten, verursachen wir bloß eine Stauung."

„Danke", sagte Herr Topfbeißer und gab Gas.

Gerade vor einer Brücke mußte er halten. Ein Bagger überquerte die Straße. Herr Topfbeißer hatte so heftig auf die Bremse getreten, daß Bubble Gum der Kaugummi aus dem Mund fiel.

„Mein Kaugummi ist fort", jammerte er. „Gleich werden die Unannehmlichkeiten wieder losgehen."

„Nein", stöhnte Herr Topfbeißer. „Nein und abermals nein. Schauen Sie, daß Sie hinauskommen, solange Sie noch hinauskommen, Sie komischer Gummimensch! Rasch! Rasch!"

Schon begann das Schlauchboot wieder zu quellen. Herr Topfbeißer schob es mit kräftigen Armen ins Freie, es fiel aufs Straßenpflaster. Bubble Gum sprang aus dem Wagen und zog seinen Rucksack heraus. Das Boot wuchs und wuchs, es bekam Übergewicht, rollte dem Fluß zu und platschte ins Wasser.

Bubble Gum sprang hinterdrein.

„Da!" rief er und schwenkte fröhlich etwas hin und her. „Da! Ich wußte es ja! Ich hatte noch irgendwo ein Päckchen Kaugummi."

Das Boot trieb schon langsam stromabwärts, und Bubble Gum saß darin. „Schönen Dank fürs Mitnehmen!" rief er. „Und verübeln Sie mir nicht die Sache mit der Polizei. Das war schließlich höhere Gewalt."

Er winkte und winkte und sah ganz und gar nicht mehr traurig drein. „Wie heißen Sie übrigens?" schrie er. „Topfbeißer? Kasimir Topfbeißer? Hahaha! Das ist aber ein komischer Name!"

„Das hat man davon", knurrte Herr Topfbeißer. „Erst nur Scherereien, und dann muß man sich auch noch verspotten lassen."

„Beruhige dich, Paps", sagte Arnika. „Dafür ist er jetzt ein richtiger Autostopper. Er hat das Lachen wieder gelernt."

„Und echte Autostopper nehme ich nicht mit, du hast recht. Wenn mir der Kerl noch einmal vor die Nase kommt, fahre ich an ihm vorbei, als wäre er Luft."

„Oder ein Stück Kaugummi", sagte Arnika.

James Krüss

DIE GLÜCKLICHEN INSELN HINTER DEM WINDE

Die Glücklichen Inseln sind auf keiner Karte verzeichnet. Aber es gibt sie, ich schwöre es dir, irgendwo im Mittelmeer zwischen Nordpol und Südpol. Geh an Bord der „Zikade" und reise hin. Tante Julie, die Maus Philine, die Möwe Alexandra und die drei anderen Möwen und Miss Gloria Brown sind schon an Bord. Käptn Dado führt das Schiff. Er gehört zu den wenigen Kapitänen, denen es vergönnt ist, mit seinem Schiff die Glücklichen Inseln anzulaufen. Er und alle, die mit ihm reisen, erleben dort Wunder über Wunder. Die Glücklichen Inseln sind nämlich so wunderbar, daß Leo, der Tripolite (ein berüchtigter Seeräuber vergangener Zeiten), als er im Jahre 909 nach Christi Geburt einmal mit 230 Ruderern und 70 Seeräubern drei Tage lang Gast der Glücklichen Inseln gewesen ist, hinterher sein Seeräuberhandwerk aufgegeben hat. Er konnte nur noch glücklich sein, ob er wollte oder nicht. Auch du willst sicherlich glücklich sein. Drum geh an Bord und stich in See und reise mit Käptn Dado zu den Glücklichen Inseln hinter dem Winde.

VERLAG FRIEDRICH OETINGER, HAMBURG